MORGENZEIT

Das spirituelle Zeitalter

von
Bertold Schlünder

Inhaltsverzeichnis

KAPITEL 1

Die Illusion der Zeit

Vor dem grauen Erdschatten, der sich nach dem Untergang der Sonne am Horizont ausgebreitet hatte, zeichnete das blasse Dämmerlicht noch klar die Umrisse des mächtigen Uluru, des heiligen Berges der Aborigines im Outback von Australien. Der letzte Bus mit fröhlich singenden und lärmenden Touristen, die den Sonnenuntergang vor dem Uluru mit einem Sektumtrunk gefeiert hatten, war soeben angefahren, legte nach dem ersten Aufheulen des Motors mit voller Kraft den zweiten Gang ein, um dann in der Ferne allmählich zu verstummen. Nur wenige Besucher verharrten noch schweigend in der Faszination, die der Uluru im Untergang der Sonne in ihnen erzeugt hatte.

Auch Eckhard und Hannes, die beiden Freunde aus Deutschland, waren noch von der unbeschreiblich schönen, rötlich warmen Farbenglut des Uluru im Licht des Sonnenunterganges gefesselt. Sie waren heute schon vor Tau und Tag aufgestanden und hatten noch in der Dunkelheit den Aufstieg zum Rundwanderweg in den unweit gelegenen Kings Canyon gemacht, um dort hoch über der Schlucht den Sonnenaufgang zu erleben. Auf dem heißen Rückweg in sengender Sonne taten ihnen ihre sofort nach der Landung in Cairns gekauften, für Australien typischen Hüte mit breiter, geschwungener Krempe gute Dienste. Sie hatten sich jeder einen Hut der Marke Wiliams geleistet, von dem es heißt, dass ein Farmer „erst einmal 60 Rinder drüber haut", bevor er ihn trägt, damit die anderen Farmer nicht glauben, bei ihm sei der Reichtum ausgebrochen. Hannes plagten solche Grillen nicht, er gedachte dankbar seiner verstorbenen Tante, die ihm ein Vermächtnis ausgesetzt hatte und freute sich seines Besitzes, als er jetzt – nach einem langen heißen Tag – seinen Hut im Anblick der schwächer werdenden Konturen des gewaltigen Uluru neben sich unter den Baum legte, unter dem sich beide niedergelassen hatten.

„Als die Sonne vor dem Uluru unterging", sagte Hannes, „ging sie zugleich bei den Antipoden auf der anderen Seite des Globus auf. Sonnenuntergang ist gleichzeitig Sonnenaufgang. Anfang und Ende sind gleichzeitig. Gleichzeitigkeit ist Zeitlosigkeit. Die Zeit ist eine Illusion."

Eckhard schwieg. Nach einer Weile fügte er hinzu: „Ich habe das auf einer Wanderung durch den Busch der Cattlins in Neuseeland erlebt: Tote und lebende Bäume. Auf lebenden Bäumen Pflanzen und andere Bäume. Tote Bäume, bemoost, Pflanzen, Ranken und andere Bäume wachsen heraus. Gleichzeitigkeit von Leben und Tod, von Kommen und Gehen, von Werden und Vergehen. Zeitlosigkeit von Leben und Tod, von Geburt und Sterben. Albert Einstein hat gesagt: „Für uns gläubige Physiker hat die Scheidung zwischen Vergangenheit, Gegenwart und Zukunft nur die Bedeutung einer wenn auch hartnäckigen Illusion."[1]

Hannes sagte „Ja." Da die Sonne untergegangen, aber der Abend noch sehr warm war, begann Hannes damit, aus seiner zweiteiligen Jeans Shorts zu machen, indem er den senkrechten Reißverschluss am rechten Unterschenkel öffnete, um, bevor er den horizontalen Reißverschluss am Knie zu öffnen begonnen hatte, sein Vorhaben zu stoppen und halblaut sagte: „Ich hab' ja noch viel vor." Mit einem Handgriff war die Jeans am rechten Unterschenkel wieder geschlossen.

Inzwischen blinzelten bereits ein paar Sterne vom wolkenlosen Himmel. Schon waren, wenn auch noch schwach, Sternbilder aufgezogen. Beide versuchten sich darin, die Sternbilder zu erkennen, was aber schwierig war, weil die den Europäern gewohnten Sternbilder auf der Südhalbkugel auf dem Kopf stehen. Doch schon bald überfiel Eckhard die Müdigkeit, er suchte mit seinem Kopf eine Vertiefung auf seinem kleinen Rucksack und fiel in tiefen Schlaf.

KAPITEL 2

Traum und Wirklichkeit

Eckhard, der vor der Reise mit Berichten über die Ureinwohner von Australien intensiv beschäftigt gewesen war, hatte einen Traum. Er träumte, zusammen mit einer Unzahl von Aborigines wie in einem Fischschwarm draußen im Barriereriff tief unten im Meer zu schwimmen in rhythmisch gleichmäßigen, auf- und abgehenden wellenförmigen Bewegungen, ohne sich zu berühren. Er fühlte sich eins mit allen anwesenden Aborigines in diesem riesigen Schwarm. Alle Unterschiede waren gleichgültig. Niemand von ihnen war ihm fremd. Und er war auch den anderen nicht fremd. Nie zuvor hatte er ein solches Gemeinschaftserlebnis gehabt. Dann drehte das Bild und er flog in einer immer gleichbleibenden Distanz zuerst über die Wüste, sah die Strukturen der Pflanzen und Kräuter auf dem Boden als ein geheimes Netzwerk der Natur und schwebte dann in respektvoller Höhe über den Uluru, dessen Masse von hier noch mehr beeindruckte als vom Boden aus. Dann hörte er plötzlich das Platzen eines Luftballons, sah den zerstörten Rest mit dem Faden, an dem er gehangen hatte, zu Boden fallen und wachte unter dem Baum auf dem kleinen Rucksack auf. Er schaute nach Hannes. Hannes war nicht da. Eckhard setzte sich auf, lehnte sich an den Baum an und sah sich weiter um. Hannes war nicht zu sehen, nur sein Hut lag unter dem Baum. Eckhard sprang auf, um Hannes zu suchen. Hannes war nicht zu sehen. Zuerst flüsterte er in die stille Nacht: „Hannes". Niemand meldete sich. Dann sagte er lauter „Hannes, Hannes!". Wieder keine Antwort. Eckhard suchte die nähere Umgebung ab. Doch das Licht der sternklaren Nacht ließ keinerlei menschliche Konturen erkennen. Langsam schlich sich bei Eckhard ein beklemmendes Gefühl ein, hier so verloren unter dem Sternenhimmel in der Wüste: Was war mit Hannes? Er konnte es sich nicht erklären.

Plötzlich tauchte am Horizont eine Gestalt auf, die Eckhard zunächst nicht identifizieren konnte, eine menschliche Gestalt. Ja. Aber diese Gestalt trug ein langes Gewand. Eckhard rief: „Wer sind Sie?" „Ich bin's, Hannes." Eckhard konnte Hannes an seinen Umrissen nicht erkennen, aber es waren seine Stimme und sein unvergleichlich leichter, etwas wiegender Gang, die ihn verrieten.

„Wo kommst du her? Wo bist du gewesen? Wie siehst du denn aus – mit deinem langen Gewand?"

Hannes, der inzwischen an dem Baum angekommen war, unter dem Eckhard geschlafen hatte, sagte: „Ich muss dir was erklären."

Beide setzten sich unter den Baum. Bevor Hannes etwas sagen konnte, fasste Eckhard Hannes am Ärmel, um das Gewand zu prüfen. Hannes sagte: „Lass das, ich werde dir alles erklären."

Und Hannes fuhr fort:

„Wir kennen uns seit dem zweiten Semester. Was ich dir jetzt sage, darfst du niemandem, niemandem erzählen, sonst bin ich verloren. Entweder bringen mich die Medien um; oder man weist mich zwangsweise in eine Psychiatrie ein. Denn, was ich dir berichte, darf in den Augen der Menschen der Neuzeit, in der wir leben, nicht wahr sein."

„Ich verspreche es dir", sagte Eckhard mit besonders fester Stimme, um seine innere Erregung zu überspielen.

„Ich habe die Möglichkeit, in einer zweiten Gegenwart zu leben. Die Menschen dort nennen die Zeit in dieser zweiten Gegenwart „Morgenzeit" – nach dem Altertum, dem Mittelalter und der Neuzeit. Ich darf dort keine Fragen stellen. Aber Informationen, die sich mir bieten, darf ich zur Kenntnis nehmen. „Frage- und Antwortspiel verwirren, Beobachten und Zuhören nicht"[2], heißt es dort. Was ich an Informationen aufgenommen habe, gebe ich dir weiter, du kannst mich auch fragen, aber ich werde keine Frage, die ich nicht beantworten kann, weitergeben, du verstehst."

Eckhard konnte sich mit dem Anblick seines Freundes in dem langen Gewand und dessen Ausführungen noch gar nicht abfinden. Aber Hannes hatte bei allen menschlichen Schwächen eine Eigenschaft, die Eckhard bei ihm besonders schätzte: Hannes war grundehrlich. Eckhard sagte: „Und warum glaubst du, dass dich die Medien umbringen, wenn deine Informationen aus der zweiten Gegenwart, wie du sagst, an die Öffentlichkeit gelangen?" Hannes: „Die Menschen würden die zweite Gegenwart für eine science fiction Version halten, für eine Phantasie eines Verrückten, für eine Traumwelt. Wer kann und will schon die Wahrheit ertragen?" „Und warum erzählst du mir erst heute davon?", fragte Eckhard. „Da ich versehentlich das lange Gewand angelassen habe, sehe ich keine andere Möglichkeit, als dir klaren Wein einzuschenken. Ich hatte immer Hemmungen, weil ich nicht wusste und nicht weiß, ob du die Wahrheit der Morgenzeit ertragen kannst. Wir Menschen der Neuzeit leben in dem Bewusstsein, auf der Höhe der Zeit zu sein mit einer mitleidigen Verachtung der vergangenen Jahrhunderte. Umgekehrt konnte sich kein Mensch des Mittelalters die Realität der Neuzeit mit ihren wirtschaftlichen, politischen, technischen und gesellschaftlichen Strukturen vorstellen. So geht uns das heute mit der Morgenzeit. Hätte ich nicht die Möglichkeit, in der Morgenzeit zu leben, würde es auch mir sehr schwer fallen, an eine neues Zeitalter zu glauben. Und so habe ich bis heute mit der Morgenzeit auch dir gegenüber zurückgehalten." Eckhard sagte: „Ich bin wirklich gespannt. Schieß los!"

KAPITEL 3

Der gestirnte Himmel

Hannes holte aus:
„Auch drüben, in der Morgenzeit, war es recht dunkel. Die Stadt ist nur schwach beleuchtet. Ich dachte sofort an Energiesparen. Aber davon sprach niemand. Zu meiner Überraschung stellte sich heraus, dass die Stadt deswegen so spärlich beleuchtet ist, damit die Menschen den Sternenhimmel betrachten und erleben können. In der Neuzeit waren – und sind – unsere Städte so hell beleuchtet, dass die Sterne „untergehen",

bevor sie aufgegangen sind und auch große Bereiche um die Städte herum von den Folgen dieser grellen künstlichen Beleuchtung betroffen sind. In der Morgenzeit ist man der Überzeugung, dass jeder Mensch immer wieder mit dem Universum konfrontiert werden muss, damit er erkennt, dass die Erde nur ein Staubkörnchen im Kosmos ist und dass der einzelne Mensch nur ein ganz winziger, ja völlig unbedeutender Teil dieses Staubkörnchens ist. Astronomie ist in der Schule Prüfungsfach. In jeder größeren Stadt befindet sich ein Observatorium, das Schulklassen regelmäßig besuchen. (Einmal im Jahr wird dort eine wilde „Kosmosparty" gefeiert!) Die Tatsache, dass unsere Galaxie, die Milchstraße, mit mehr als hundert Milliarden Sternen, nur eine von eben so vielen Galaxien ist, ist in der Morgenzeit Allgemeinwissen und den Menschen auch wirklich bewusst. Es geht den Menschen der Morgenzeit um die realistische Einordnung des Menschen im Universum. Sie sind der Überzeugung, dass eine illusionsfreie Einschätzung der menschlichen Existenz schädliche Überheblichkeiten im privaten, geschäftlichen, gesellschaftlichen, religiösen und politischen Leben verhindern können. Die Lust eines Einzelnen, einer größeren Gruppe oder Organisation, dieses Staubkörnchen, das unsere Welt ist, zu beherrschen, ist so gut wie ausgestorben. Das gesellschaftliche Prestige ist wesentlich eingedämmt, was sich auf die Wirtschaft sehr stark auswirkt. Das gilt auch für das geschäftliche Bestreben, Monopolist zu werden, eine für die Neuzeit angesichts des oft um die Existenz ringenden Wettbewerbs typische Erscheinung. Und nicht zuletzt im privaten Bereich macht sich das Bewusstsein der im Angesicht des Universums geradezu unendlichen Winzigkeit des einzelnen Menschen dadurch bemerkbar, dass die Lust zu leben nicht im Überfluss erstickt wird; außerdem erfahren die bei den Menschen vorhandenen unterschiedlichen Eigenschaften und Fähigkeiten eine sachgerechte Einordnung und spielen eine untergeordnete Rolle. Die Propaganda des Morehead Planetariums aus unserer Zeit: „Menschenskind, besuchen Sie schnellstens das Morehead-Planetarium. Für drei Dollar können Sie sehen, wie unbedeutend Sie sind!"[3], ist in der Morgenzeit zum geflügelten Wort geworden. Nach ihrer Überzeugung muss die folgenschwere, falsche Einschätzung der Stellung des Menschen im Universum in der Wurzel und nachhaltig bekämpft werden. Das geschieht auf vielfältige und grundlegende Weise, wovon ich dir noch im einzelnen berichten werde. Der regelmäßig wiederholte Anblick des gestirnten Himmels gilt ihnen dabei als unverzichtbar."

„Wie im einzelnen sieht das Leben der Menschen in der Morgenzeit aus? Wie unterscheidet sich das Leben in der Morgenzeit von unserem? Und warum hat sich diese Änderung vollzogen?", fragte Eckhard.

Hannes erwiderte: „Zuallererst: Die Menschen haben sich nicht geändert. Das ist noch nie vorgekommen und ich glaube auch nicht, dass das in der Zukunft geschehen wird. Aber das Bewusstsein der Menschen hat sich geändert. Die Bewusstseinsänderung hat die Änderung ihres Verhaltens erzeugt. Wie die Menschen in der Morgenzeit leben und wie sich ihr Leben von unserem unterscheidet, kann ich dir schildern. Und wie sich ihr Bewusstsein geändert hat und warum es dazu gekommen ist, habe ich auch inzwischen herausbekommen. Es war ein langer Weg. Aber ich habe es jetzt begriffen."

„Ich bin sehr wissbegierig", sagte Eckhard.

KAPITEL 4

Substanz und Prägung

„Wenn jemand aus dem Mittelalter erzählt hätte, wie die Menschen in der Neuzeit leben, hätten die Zuhörer oft mit dem Kopf geschüttelt. So wird es auch Dir gehen, alter Freund, wenn ich Dir jetzt aus der Morgenzeit berichte. Aber bewahre Haltung," sagte Hannes.

„Du hast Dich über mein Gewand gewundert. Es hängt sonst bei Aaron im Schrank in Aipotu, der Stadt, aus der ich eben gekommen bin. Mit Aaron bin ich seit langem befreundet. Er zieht es vor, gewöhnlich ein solches Gewand zu tragen. Ich habe das auch versucht und fühle mich darin sehr wohl, es ist luftig und schützt im Sommer vor Sonnenbrand und im Winter vor kalter Witterung. Die Menschen in der Morgenzeit kleiden sich, wie sie wollen, es gibt kein einheitliches Bild. Man kann eher einen Wettbewerb zur Einfachheit beobachten. Und ein Gewand aus einem Stück Tuch ist nun mal das einfachste und preiswerteste, was es gibt. Darum tragen recht viele Menschen der Morgenzeit ein solches Gewand."

„Und die Frauen, legen sie keinen Wert auf neueste Mode?", fragte Eckhart.

„Ihre Kleidung ist phantasievoll, jede nach dem Geschmack ihrer Trägerin. Du kannst dir nicht vorstellen, mit wie wenig Stoff so manche Frau mitunter auskommt – und sehr gut aussieht, eine Tradition, die wohl nicht untergehen wird.
Aber ernsthaft: Dieser „Wettbewerb zur Einfachheit" hat einen ganz klaren Grund: Die Menschen geben nur so wenig Geld

aus, wie es eben möglich ist. Sie wollen nicht einen Handschlag mehr arbeiten als dies für ein glückliches Leben erforderlich ist. Aber das ist nur der erste Eindruck und recht vordergründig. Dahinter steckt eine völlig andere Einstellung als wir sie in der Neuzeit kennen."

„Du machst es spannend", bemerkte Eckhard.

„Ja, das ist es auch und ich habe lange gebraucht, bis ich dahinter gekommen bin, da ich ja keine Fragen stellen darf. Also, Aaron hat mir das so erklärt: Die Menschen der Morgenzeit leben in dem Bewusstsein, dass die Menschen in ihrer Substanz uneingeschränkt gleich sind. Er sagte, ich solle mir zwei Goldmünzen vorstellen, beide aus der gleichen Qualität aber unterschiedlicher Prägung. Ergebnis: Die beiden in der Prägung unterschiedlichen Goldmünzen sind in der Substanz völlig gleich."

Eckhard sagte: „Ist das die Neuauflage der Devise der Französischen Revolution von Freiheit, Gleichheit, Brüderlichkeit? Goethe hat doch schon richtig erkannt, dass Gleichheit und Freiheit sich gegenseitig ausschließen." [4]

Hannes erwiderte ein wenig verärgert: „Wenn man, um im Bild zu bleiben, die Prägung mit der Substanz verwechselt, kann man nur zu einem solchen Schluss kommen; denn die Freiheit führt zur Ungleichheit. Ich spreche aber nicht von wirtschaftlicher und gesellschaftlicher Gleichheit sondern allein von der Gleichheit in der Substanz – bei unterschiedlicher Prägung. Ich mache die Menschen nicht gleich, sie sind gleich, aber eben „nur" in der Substanz. Während man in der Neuzeit auf die Unterschiede der Menschen in ihrer Ausprägung sieht und die „unverwechselbare Einmaligkeit" eines jeden Menschen betont, wird das Bewusstsein der Menschen der Morgenzeit von der Gleichheit der Menschen in der Substanz bestimmt. Übrigens hatte auch die Französische Revolution bei dem Begriff der Gleichheit nichts anderes im Sinn als die Gleichheit der Menschen in der Substanz. Auch die Französische Revolution hat bereits zwischen Mann und Frau, zwischen schwarzer, gelber, brauner und weißer Hautfarbe und verschiedenen Eigenschaften und Fähigkeiten unterschieden. Man kann eben Wahrheiten am besten bekämpfen, indem man den eigentlichen Sinn zunächst unmerklich verdreht, um dann gegen den durch die Verdrehung entstandenen unwahren Teil vorzugehen."

Eckhard erwiderte: „Ich bin ja gar nicht anderer Meinung. Im Gegenteil: Die menschlichen Gene sind ja praktisch bei allen Menschen gleich. Bei zwei beliebig herausgegriffenen Menschen stimmen die Gene unabhängig von Geschlecht, Rasse und Abstammung in rund 99,9% überein.[5] Da haben wir doch die Gleichheit aus biologischer Sicht."

Hannes: „Vorsicht. Die Übereinstimmung des menschlichen Genoms zu 99,9% bedeutet auch, dass eben 0,1% der menschlichen Gene unterschiedlich sind. Im menschlichen Genom befinden sich insgesamt drei Milliarden Basenpaare und bei 0,1% unterschiedlichen Basenpaaren führt das dazu, dass drei Millionen Bausteine unterschiedlich sind.[6] Diese drei Millionen verschiedenen Bausteine im menschlichen Genom verursachen die angesprochenen Unterschiede der einzelnen Menschen. Das ändert nichts an der überwältigenden Übereinstimmung im übrigen. Bei einer Identität von 99,9% ist es eigentlich müßig, über die verbleibenden Unterschiede zu sprechen. Die

Menschen der Neuzeit und der früheren Zeitalter haben aber diese Unterschiede besonders herausgearbeitet und die übergroße Übereinstimmung vernachlässigt. Aber darum geht es in Wahrheit nicht. Dieser Gedanke von der Gleichheit der menschlichen Gene zu 99,9% lenkt vom eigentlichen Problem ab. Du bist bei der Betrachtung der Gene in Wahrheit bei der „Prägung", und auch bei der Prägung kann es ja trotz gewisser Unterschiede große Übereinstimmungen geben. Ich aber spreche nicht von der Prägung sondern von der Substanz.

In der Substanz gibt es nicht den allergeringsten Unterschied zwischen zwei beliebig herausgegriffenen Menschen. Das haben die Menschen der Morgenzeit erkannt. Und in dieser Erkenntnis handeln sie und gestalten ihr Leben. Ihr Verhalten folgt weder vorwiegend dem Egoismus, den sich der Mensch besonders in der letzten Phase der Entwicklungsgeschichte der Menschheit angeeignet hat, noch einseitig dem in unseren Augen anspruchsvolleren Altruismus. Das ist mit Worten der Neuzeit ausgedrückt. Sie sagen, sie teilen ihr Hab und Gut in gleicher Weise mit ihresgleichen, also mit der gleichwertigen Substanz, die sie in sich und in allen anderen Menschen erkannt haben."

„Sprichst du da von einer Art Kombination von Kapitalismus und Sozialismus? Sind diese gegensätzlichen Gesellschafts- und Wirtschaftssysteme eine Symbiose eingegangen? Oder ist aus den unterschiedlichen Wirtschaftssystemen ein neues, einheitliches System geworden? Beruhten nicht die unterschiedlichen Wirtschaftssysteme des Kapitalismus und des Sozialismus in der Neuzeit auf Egoismus auf der einen Seite und auf Altruismus andererseits?", fragte Eckhard.

Hannes sagte: „Nein. Das Verhalten in der Morgenzeit hat mit den Grundlagen dieser Wirtschaftssysteme nichts mehr zu tun. Es ist etwas ganz anderes. Man läuft auch nicht mehr Wirtschaftssystemen dieser oder anderer Art nach. Vielmehr bestimmt die Erkenntnis, wer die Menschen wirklich sind und die Summierung des Verhaltens der Einzelnen das Leben, auch und besonders das Wirtschaftsleben. Da mein Freund Aaron mir das im einzelnen auseinander gelegt hat, nenne ich den in der Morgenzeit erreichten Zustand – von System verbietet es sich zu sprechen – einfach das „Aaronprinzip". Ich muss dazu etwas weiter ausholen."

KAPITEL 5

Das Aaronprinzip

„Aaron hat mir dieses Prinzip so erklärt:

Der Kapitalismus beruht wesentlich auf dem Prinzip der größtmöglichen Gewinnerzielung. [7] Richtschnur ist die Vermehrung des Gewinns des Handelnden. Die Gewinnmaximierung erfolgt im Wettbewerb. Voraussetzung des Wettbewerbs ist die freie Marktwirtschaft.

Der Kapitalismus hat in seiner frühen und radikalen Ausgestaltung zu immensem Reichtum der tüchtigsten Wettbewerber und zu großer Armut in der Arbeiterschaft und solchen Wettbewerbern geführt, die dem Wettbewerbsdruck nicht standhielten. Wettbewerber, die nicht so tüchtig wie die Konkurrenten sind, werden an den Rand gedrängt oder vom Markt gänzlich ausgeschieden und enden häufig im Bankrott. Der Arbeitnehmer nimmt am Wettbewerb des Handels nicht teil, er ist kein Mitspieler im Wettkampf auf dem freien Handelsmarkt. [8]

Nach seinen anfänglichen Extremformen ist der Kapitalismus dann vielerorts eine Verbindung mit dem demokratischen Sozialstaatprinzip eingegangen mit der Folge weitreichender sozialer Angleichungsprozesse und dem Ergebnis eines breiten sozialen Wohlstandes. [9]

Das ändert aber nichts daran, dass der Kapitalismus letztlich auf dem dem Menschen in Jahrtausenden im existentiellen Überlebenskampf angeeigneten Egoismus beruht und der Freiheit, ihm nachzugehen. Dieser Egoismus des Menschen besteht in der Verfolgung eigener Zwecke vor anderen – gemeinsamen – Zwecken als das zentrale handlungsbestimmende Motiv. Im Kapitalismus zielt der Egoismus auf die äußerste Gewinnmaximierung.

Dem setzt der Sozialismus die Utopie sozialer Gleichheit und Gerechtigkeit entgegen. Der klassische Sozialismus wie etwa in der ehemaligen Sowjetunion ist kläglich gescheitert: Er hat nach verschiedenen wissenschaftlichen Untersuchungen weltweit während der Dauer seines Bestehens eine Blutspur von ca. 100 Millionen Toten außerhalb der Kriege hinterlassen. [10]

Der sodann propagierte demokratische Sozialismus orientiert sich an ethischen Grundsätzen [11] und beruht letztlich auf dem Prinzip des Altruismus. Da der Altruismus mit dem im Menschen verankerten Egoismus in Widerstreit steht und im staatlichen und gesellschaftlichen Bereich nur unter Zwang funktioniert, ist dem Sozialismus auch in seiner demokratischen Form der Zwang eigen. Der Sozialismus verdrängt die Freiheit in dem gleichen Maße, in dem der Altruismus ausgedehnt wird. Je weiter der Altruismus zwangsweise ausgeweitet wird, desto mehr verringert sich also die Freiheit des Einzelnen. Auch im demokratischen Sozialismus ist Richtschnur die weitgehende staatliche Regulierung.

Da aus freien Stücken die Menschen in der Regel nicht bereit sind, dem Prinzip des Altruismus zu folgen, erfolgt Zwang, soweit er von der demokratischen Mehrheit gedeckt ist. Mit jeder Einschränkung der Freiheit aber wird die Funktion der freien Marktwirtschaft beeinträchtigt oder sogar aufs Spiel gesetzt. Ohne freie Marktwirtschaft aber gibt es keinen Wohlstand auf breiter Ebene der Bevölkerung. Der Zwang im demokratischen Sozialismus ist der Erzfeind der freien Marktwirtschaft und folglich des Wohlstandes auf breiter Ebene. Je größer der Zwang desto geringer der Wohlstand. Der Versuch, den Egoismus in freier Entfaltung durch zwangsweisen Altruismus zu ersetzen, hat sich als Irrweg erwiesen." Eckhard fragte: „Und wie sieht es jetzt in der Morgenzeit aus? Die Anstrengungen, mit dem Kapitalismus zu sozialem Ausgleich und die vergeblichen Bemühungen, mit dem Sozialismus mittels einer funktionierenden Marktwirtschaft zu einem Wohlstand der breiten Massen zu gelangen, beobachten wir täglich. Deswegen noch einmal die Frage: Ist jetzt in der Morgenzeit eine Vermengung und Vermischung des Sozialismus mit dem Kapitalismus erfolgt, ein Ausgleich von Egoismus und Altruismus?"

Hannes sagte: „Aaron hat mir das so erklärt. Mit den Begriffen von Egoismus und Altruismus kann das sich in der Morgenzeit durchgesetzte Prinzip nicht mehr beschrieben werden.

Diese Begriffe sind eher eine Sackgasse. In der Morgenzeit hat sich vielmehr das Bewusstsein der Substanzgleichheit der Menschen durchgesetzt. Du erinnerst dich an das Bild der beiden verschieden geprägten Goldmünzen. Aus der Substanzgleichheit der Menschen folgt zwingend das Prinzip, dass jeder Mensch ebenso für den anderen da ist wie für sich selbst. Damit hat sich das egoistische Prinzip der ausschließlichen Verfolgung eigener Zwecke ebenso erledigt wie die Anwendung staatlicher Gewalt zur Durchsetzung altruistischer Ziele. Weder Egoismus noch erzwungener Altruismus bestimmen das Leben in der Morgenzeit sondern …"

„Sondern was?", fragte Eckhard gespannt.

„Wenn du und ich in der Substanz gleich sind, wie verhältst du dich dann? Bist du egoistisch und altruistisch zugleich? Oder sagst du dir ganz einfach: Ich muss für den anderen genau so viel tun wie für mich? Stell dir vor, dein Bruder ist ein eineiiger Zwilling und ihr habt beide eure Substanzgleichheit erkannt, was für euch etwas leichter ist als bei Menschen mit größeren Unterschieden in der Ausprägung, kannst du dann deinem Bruder Böses antun oder ihm etwas vorenthalten, was du selber gern hast? Oder gehst du nicht her und teilst mit ihm, auch Freude und Leid? Ich weiß, dass dieses Beispiel zu dem gefährlichen Irrtum führen kann, dass Gleichheit in der Prägung statt Gleichheit in der Substanz erkannt wird. Aber es ist einfacher, bei geringerem Unterschied in der Prägung die Gleichheit in der Substanz zu erkennen."

Eckhard: „Sind wir da bei dem Bibelwort: Du sollst den Nächsten lieben wie dich selbst?"

Hannes erwiderte: „Ja und nein: Bei dem Bibelzitat handelt es sich in der Tat um die Aufforderung, für den anderen genau so viel zu tun wie für sich selbst. Keineswegs ist das die Aufforderung, sich selbst aufzugeben und aufzuopfern und ausschließlich für den anderen da zu sein. Im christlichen Verständnis ist aus dem Bibelzitat das Gebot der Nächstenliebe abgeleitet worden – häufig ohne dem zweiten Teil des Zitats Beachtung zu schenken, dass der Nächste in dem Maße geliebt werden soll, wie man sich selbst liebt. Letzteres wurde eher beiseite geschoben und der Betrachtung entzogen, ja sogar als unschicklich empfunden, weil die Nächstenliebe nach dem Bibelzitat durch die Liebe zu sich selbst eingeschränkt und damit zu einem Teil verhindert wird. So recht vermag ein Christ mit dieser Einschränkung nichts anzufangen. Jedoch ist das in dem Bibelzitat geforderte Gleichmass von Nächsten- und Eigenliebe richtig.

Bei dem Bibelzitat handelt es sich indessen um ein Gebot. Gebote pflegen übertreten zu werden. Ja, es besteht sogar ein Anreiz, das Gegenteil von dem zu tun, was geboten ist. Der Erfolg von Geboten und Gesetzen war in der Vergangenheit eher bescheiden. Eine Weltveränderung durch Gebote ist ausgeblieben. Das biblische Gebot der Nächstenliebe besteht seit 2000 Jahren. Was hat es bewirkt?

Betrachten wir unter dem Aspekt des Gebotes der Nächstenliebe einmal nur die Kriege in Europa zwischen Menschen, die diesem Gebot in den letzten zweitausend Jahren unterlagen: Diese Kriege sind unzählig und haben unsagbares Leid und Elend über die Völker gebracht durch alle Generationen, von Kriegen im Namen des Kreuzes ganz zu schweigen. Als absurd müssen wir registrieren, dass es darüber hinaus noch gelungen ist, die Kriege zu verherrlichen und ihre Anführer als „groß" zu loben! Und der Geschichtsschreibung fällt kaum etwas anderes ein, als die Macht- und Ränkespiele der einzelnen Staaten in Ursachen und Wirkungen zu analysieren. Leider wird auch an den Schulen vergessen zu berichten, wie viel Tote etwa ein Napoleon auf dem Gewissen hatte, falls er ein solches besaß. Erst die unsäglichen Leiden der beiden Weltkriege hat das Grauen in das Bewusstsein der Menschen gebracht und die Erkenntnis, dass die Geschichte der Kriege eine Aneinanderreihung von Verbrechen gewesen ist, um Macht und Geld der Staaten und Einzelner zu vermehren. Erst dieser Bewusstseinswandel gibt Hoffnung für die Zukunft. Kurz: Die Nächstenliebe hat als Gebot in der Vergangenheit leider, leider kläglich versagt.

In der Morgenzeit haben sich dann auch nicht Gebote oder Gesetze ausgewirkt sondern ein neues Bewusstsein. Und dieses neue Bewusstsein ist die Erkenntnis der Gleichheit der ganzen Menschheit in ihrer eigentlichen, menschlichen Substanz. Infolge der Gleichheit fühlen sie sich gleichwertig und für den anderen so verantwortlich wie für sich selbst.[12] Das zu tun, empfinden die Menschen der Morgenzeit als Motiv ihres Handelns. Sie bemühen sich daher ständig um eine Balance zwischen dem anderen und sich, zwischen dem „Du" und dem „Ich", zwischen der Gemeinschaft und den eigenen Interessen. Das „Ich" und das „Du" sind als gleichwertig erkannt und werden so gut wie möglich im Gleichgewicht gehalten. Die Kunst dieser Balance ist so oft Inhalt meiner Gespräche mit Aaron gewesen, dass ich das in der Morgenzeit erreichte und praktizierte Prinzip daher ganz einfach das „Aaronprinzip" nenne – aber nur dir gegenüber, alter Junge, Aaron würde sich eine Hervorhebung solcher Art verbieten. Aber ich finde den

Ausdruck genau passend. Das von mir so genannte Aaronprinzip hat die Menschheit auf Grund der erleuchtenden Erkenntnis, was die Menschen wirklich sind, zu ihrer eigentlichen Menschlichkeit zurückgeführt. Der Egoismus des Kapitalismus ist ebenso überwunden wie der Zwang des Sozialismus. Geblieben sind die unverzichtbaren menschlichen Werte der Freiheit und des Altruismus in der Form einer ausbalancierten Nächstenliebe."

„Jetzt musst du mir verraten, wie sich das – ich übernehme einmal deinen Ausdruck – „Aaronprinzip" im Leben der Menschen ganz konkret auswirkt, etwa im privaten Bereich, in den sozialen Beziehungen, in der Arbeitswelt, im Leben der Wirtschaft und des Staates, in Bezug auf die Umwelt etc. Aber offen gesagt habe ich eigentlich noch nicht richtig verstanden, worauf denn das Aaronprinzip seinerseits beruht, also die Erkenntnis der Gleichheit der Menschen in der Substanz. Bis jetzt ist das für mich nur eine wenn auch interessante These, von der ich zwar fühle, dass sie richtig sein könnte, aber die Begründung dafür fehlt mir. Hat Aaron dir verraten, was diesem Prinzip zugrunde liegt?"

Hannes antwortete: „Ja, wir müssen da einen Spatenstich tiefer graben, um zu sehen, was dieser Erkenntnis von der Gleichheit der Menschheit in der Substanz zugrunde liegt. Mach dich auf was gefasst. Ich sage es dir unverblümt. Aber ich muss weit ausholen Und dann berichte ich dir, wie die Menschen in der Morgenzeit privat und in der Öffentlichkeit leben."

Eckhard wurde immer wacher und sagte: „Wir haben schon früher ganze Nächte durchdiskutiert. Aber dies ist der spannendste Stoff, über den wir je gesprochen haben."

KAPITEL 6

Erkenntnis der Einheit

Hannes hatte sich einen großen Schluck aus dem reichlichen Wasservorrat genommen, den sie stets bei sich hatten, warnte seinen Freund Eckhard noch einmal, dass ihm einiges bevorstehe und versuchte dann so langsam und klar wie möglich, den Grund des Aaronprinzips zu erläutern, also die eigentliche Basis, auf dem das Aaronprinzip beruht.

„Es ist einfach und daher so schwer zu erklären", sagte Hannes und fuhr dann fort:

„Die Gleichheit der Menschen in der Substanz beruht – auf der Einheit."

„Auf welcher Einheit?", fragte Eckhard.

„Auf der Einheit von Mensch und Gott.

Lass uns also der Frage der Einheit Schritt für Schritt nachgehen.

1. Einheit in der Bibel

Zunächst zur Bibel:

Das Neue Testament beruht im wesentlichen auf der Einheitserfahrung von Jesus, der Erfahrung der Einheit von Gott und Mensch.

Ich habe festgestellt, dass nahezu der ganze Bereich der Einheitserfahrung, von dem die Bibel an vielen Stellen berichtet, in der christlichen Verkündigung so gut wie keine Rolle spielt. Texte, die sich auf die Erkenntnis der Einheit beziehen, werden kaum verlesen. Ich habe nicht eine einzige Predigt über eine derartige Bibelstelle gehört. Die Menschen der Morgenzeit haben aber genau diesen Punkt erkannt und zur Grundlage ihres Lebens gemacht.

Ich muss vorausschicken, dass ein Großteil der Bibelaussagen und besonders das Vaterunser sehr wohl auf einer dualistischen Weltbetrachtung beruhen. Alle Vaterunserbitten fußen auf dem Ich und dem Du, auf Mensch hier und Gott dort. Das entspricht ja der natürlichen Anschauung, die auch Jesus angetroffen hat. Hier sprach Jesus die Sprache seiner Zuhörer. Und das haben seine Zuhörer verstanden.

Die großartigen Aussagen der Bibel sind aber nicht dualistisch sondern Ausdruck der Einheitserfahrung.

Ich trage ja das Neue Testament mit in meinem Handgepäck, wie du weißt, und ich will dir einige Zitate vorlesen. Bei unserer Verkündigungspraxis in den Kirchen kann man nur staunen, was alles in der Bibel steht. Ich habe mir einige Stellen angestrichen." Inzwischen stand der zunehmende Mond im Zenit. Das schwache Licht reichte aus, dass Hannes zitieren konnte. Hannes schlug seine Dünndruckausgabe auf und begann:

„Immer wieder betont Jesus seine Identität mit dem Vater: *„Der Sohn kann nichts aus sich selbst tun, sondern nur, was er den Vater vollbringen sieht. Was dieser wirkt, das wirkt in gleicher Weise auch der Sohn."* (Jo 5, 19) Und weiter: *„Denn gleichwie der Vater* *das Leben in sich selbst hat, so hat er auch dem Sohne verliehen, das Leben in sich selbst zu haben"* (Jo 5, 26) *„Ich kann nichts aus mir selbst tun."* (Jo 5, 30) *„Ihr kennt weder mich noch meinen Vater. Kennet ihr mich, so würdet ihr auch meinen Vater kennen."* (Jo 8, 19) Man muss sich das vorstellen, dass ich den Vater kenne, wenn ich Jesus kenne. Der Vater zeigt sich in Jesus.

Und dann wieder mit anderen Worten: *„ … und erkennt, dass der Vater in mir ist und ich im Vater bin."* (Jo 10, 38) In den Abschiedsreden wird Jesus immer deutlicher: *„Wenn ihr mich kenntet, würdet ihr auch meinen Vater kennen. Von nun an kennt ihr ihn, ihr habt ihn ja gesehen."* (Jo 14, 7) Jesus fleht geradezu seine Jünger an: *„Glaubt mir, dass ich im Vater bin und der Vater in mir ist."*(Jo 14, 10). Dann wird er noch konsequenter und sagt: *„Alles, was der Vater hat, ist mein."* (Jo 16, 15) Hier ist für jeden dualistisch betrachtenden Menschen erstaunlich, dass Jesus nicht etwa sagt, alles was er habe, habe auch der Vater sondern umgekehrt: *Alles, was der Vater hat, ist mein* (Jesus). Im hohepriesterlichen Gebet bittet er um Verherrlichung mit *„der Herrlichkeit, die ich bei dir hatte, ehe die Welt war.* (Jo 17, 5); *„Denn du hast mich geliebt, noch ehe die Welt ward."* (Jo 17, 24) Damit werden für die Zuhörer nahezu unbegreifliche Dimensionen eröffnet, die über die tägliche Anschauung der Lebenswirklichkeit weit hinausgehen. Das war für die Jünger und die Christen der nachfolgenden Jahrtausende offensichtlich zu viel, denn diese Aussagen werden nicht rezipiert.

Und dann geht Jesus noch einen Schritt weiter und sagt es ohne Umschweife und direkt heraus: *„Ich und der Vater sind eins."* (Jo 10, 30) Johannes berichtet, dass, nachdem Jesus gesagt hatte, er und der Vater seien eins, die Zuhörer ihn der Gotteslästerung bezichtigten und Steine aufhoben, um ihn zu steinigen. (Jo 10, 31)

Die Aussage. *„Ich und der Vater sind eins."* ist für Menschen, die Gott dort und Mensch hier begreifen, etwas Unerhörtes. Und was antwortet Jesus? *„Steht nicht in eurem Gesetze geschrieben: Ich habe gesagt: Ihr seid Götter?"*(Jo 10, 34f). Das muss man sich einmal vor Augen führen: Jesus sagt zu seinen Zuhörern unter Verweis auf ihr Gesetz: *„Ihr seid Götter."* – für jeden unvorbereiteten Menschen eine Ungeheuerlichkeit.

Jesus hat keineswegs nur seine eigene Identität mit dem Vater betont. Vielmehr hat er gerade auch um die Erkenntnis seiner Jünger gerungen, dass die Menschen in der Einheit mit ihm und dem Vater leben. Und so heißt es in dem Text, der von den Herausgebern der Bibel anstatt *„Gebet für die Kirche"* zutreffender mit *„Gebet für die Menschheit"* überschrieben worden wäre: *„Lass sie alle eins sein. Wie du, Vater, in mir bist und ich in dir, so lass sie in uns sein, damit die Welt es glaube, dass du mich gesandt hast. Ich habe die Herrlichkeit, die du mir gegeben hast, ihnen gegeben, damit sie eins seien, gleich wie wir eins sind: ich in ihnen und du in mir."* (Jo 17, 21) Großartiger konnte seine Einheit mit allen Mitmenschen und dem Vater nicht ausgesprochen werden. Da Worte vergehen, aber Bilder Bestand haben, nahm Jesus ein Kind, stellte es mitten unter sie und sprach zu ihnen: *„Wer ein solches Kind in meinem Namen aufnimmt, der nimmt mich auf; wer aber mich aufnimmt, der nimmt nicht mich auf sondern den, der mich gesandt hat."* (Mk 9, 37) Deutlicher konnte Jesus die Identität zwischen ihm, den Menschen und dem Vater nicht vor Augen führen.

Daraus folgt, dass die Bibel – neben allen dualistischen Aussagen – wesentlich auf der Einheitserfahrung von Jesus mit dem Vater und allen Mitmenschen beruht. Diese Einheitserfahrung ist die Kernaussage der Bibel. Und an diesem Kern sind die Christen zweitausend Jahre vorbeigegangen. Man nahm diese Botschaft nicht zur Kenntnis, obgleich Jesus darum bis zuletzt gerungen hat."

Eckhard wandte ein: „Die von dir verlesenen Bibelstellen spielen in der Verkündigung in der Tat keine Rolle, werden jedenfalls nicht interpretiert und sind nicht Gegenstand von Predigten. Aber du hast eine Stelle weggelassen, die sehr wohl und sehr häufig zitiert wird und auch in Predigten erwähnt wird. Das ist das Gleichnis vom Weinstock und den Reben."

„Das muss ich zurechtrücken", sagte Hannes: „Es stimmt, dass dieses Gleichnis oft zitiert und besprochen wird. Das Gleichnis sagt, dass Jesus der Weinstock und die Menschen die Reben sind. Und welche Rolle spielt in diesem Gleichnis der Vater? Jesus sagt dort: *„...und mein Vater ist der Weingärtner"* (Jo 15, 2). Hier ist also die Einheit der Menschen mit Jesus dargelegt, nicht aber die Einheit der Menschen und Jesus zugleich mit dem Vater. Und darauf kommt es bei der Einheitsbetrachtung gerade und wesentlich an."

2. Wahrnehmung und Wirklichkeit

Eckhard fragte: „Und warum hat die Christenheit die frohe Botschaft von der Einheit zwischen Mensch und Gott zweitausend Jahre nicht zur Kenntnis genommen? Warum sind die Menschen an dieser Botschaft vorbei gegangen? Warum ist dieser Teil der Bibel nicht rezipiert worden? Dafür muss es doch einen Grund geben."

„Der Grund liegt darin, dass die Menschen die Wirklichkeit dualistisch wahrnehmen und sich dabei auf den gesunden Menschenverstand berufen.

Dem gesunden Menschenverstand entspricht z.B. die Vorstellung, dass etwa Raum und Zeit zwei unabhängige, absolute Größen sind. Darauf beruhen die klassischen Gesetze der Mechanik, die u.a. von Newton begründet sind. Einstein hat mit seiner speziellen Relativitätstheorie diese für jeden Menschen natürliche Vorstellung zum Einsturz gebracht. Danach ist nur die Lichtgeschwindigkeit absolut, Raum und Zeit sind dagegen relativ. Die übliche Vorstellung von absoluter Gleichzeitigkeit lässt sich nicht aufrechterhalten. Raum und Zeit sind keine vollkommen unabhängigen Größen. Man spricht von einer Raum-Zeit. Einstein hat mit seiner Relativitätstheorie den Begriff der Gleichzeitigkeit aufgegeben, der zu den festen Grundlagen der klassischen Physik gehört hatte. [13] Die dem gesunden Menschenverstand entsprechende Newtonsche Vorstellung einer universalen Zeit, aus der sich universale Gleichzeitigkeit ergibt, war mit einem Schlag zerstört. [14] Wenngleich die Auswirkungen erst bei sehr hohen Geschwindigkeiten nahe der Lichtgeschwindigkeit auftreten, war es doch für die Menschheit ein Schock, dass die natürliche Wahrnehmung der absoluten Zeit und des absoluten Raumes nicht die letzte Wahrheit ist.

Einen zweiten Schock hat die Quantentheorie der Menschheit versetzt in mehrfacher Hinsicht.

Entgegen unserer gewöhnlichen Anschauung ist eine genaue Vorausberechnung im Gebiet des Atoms im allgemeinen nicht möglich, so dass der Physiker aus einer Beobachtung nur auf die Wahrscheinlichkeit eines bestimmten Ablaufs schließen kann. [15]

Einstein lehnte diese Theorie aus grundsätzlichen Erwägungen ab. Das hat zu dem Eklat auf der Solvay-Konferenz im Jahre 1927 geführt, in deren Verlauf die berühmten Worte von Einstein fielen: *„Gott würfelt nicht!"* Dabei blieb Einstein auch in der Folgezeit, als die Quantentheorie längst zu einem festen Bestandteil der Physik geworden war. [16] Daraus folgt, wie sehr die Unbestimmtheitsrelation der Quantentheorie dem sogenannten natürlichen, durch die Tradition konditionierten Bewusstsein entgegenstand.

Des weiteren ist die natürliche Vorstellung von Objekt auf der einen Seite und Subjekt auf der anderen Seite von der Quantentheorie betroffen. Erst die Distanzierung von dieser absoluten Objekt-Subjekt-Vorstellung hat die Quantentheorie schließlich ermöglicht. Nils Bohr und Heisenberg bemerkten bei ihren Forschungen, dass bei der Beobachtung atomarer Erscheinungen diese durch die Beobachtung selbst beeinflusst und verändert werden [17], dass der Zugriff der Methode ihren Gegenstand verändert und umgestaltet, dass sich die Methode also nicht mehr vom Gegenstand distanzieren lässt. [18] Die Forschung steht in der Mitte der Auseinandersetzung zwischen Natur und Mensch, von der die Naturwissenschaft nur ein Teil ist. Die landläufigen Einteilungen der Welt in Subjekt und Objekt wollen da nicht mehr so recht passen. [19] Die Erkenntnis lässt sich vom Erkenntnisprozess nicht mehr abkoppeln. [20] *„Die Welt ist vom beobachtenden Subjekt nicht trennbar"*, sagt Arthur Mach. [21] Ein Physiker, der sich mit Problemen im subatomaren Bereich befasst, bewegt sich nicht mehr im dualistischen Denken, er erfasst die dort herrschenden Zustände nur noch mit den Mitteln der Mathematik, [22] die mathematischen Formeln bilden dabei nicht mehr die Natur, sondern unsere Kenntnis von der Natur ab. [23] Mit dem sogenannten gesunden Menschenverstand ist die Welt nicht mehr zu erfassen, wir begreifen nicht einmal mehr die Materie. [24]

Unsere Wahrnehmung bedarf der ständigen Hinterfragung. [25] Was wir als gesunden Menschenverstand und als natürliche Vorstellung empfinden, ist nicht ohne Einschränkung die letzte Wahrheit. Die moderne Physik ist dafür der beste Beweis und sagt das Ungeheuerliche, dass die Dinge gar nicht so sind, wie wir sie begreifen. [26]

3. Dualismus und Einheit

Das gilt aber nicht nur für die Physik.

Unsere mit den Sinnen erfassbare Welt erscheint uns dualistisch. Unser Denken beruht auf Unterscheidung. Denken ist die dualistische Methode, etwas zu erkennen. In diesem dualistischen Erkenntnisprozess erfasst der Mensch also die sinnliche Welt.

Im Bereich der sinnlich erfassbaren Welt war die dualistische Erkenntnismethode erfolgreich. Die großartigen Ergebnisse der Wissenschaften und der Technik sind die schlagenden Beweise.

Es entspricht daher auch unserer natürlichen Betrachtung, dass wir zwischen dem Menschen und einem Gegenüber, das wir im Abendland als Gott bezeichnen, unterscheiden. Der Mensch hier und Gott dort. Es ist der gesunde Menschenverstand und eine durch und durch natürliche Vorstellung, dass wir Gott in einem Gegenüber zu erkennen versuchen.

In der Quantenphysik ist der Versuch, die subatomare Welt auf der Grundlage von strikter Unterscheidung von Objekt und Subjekt zu erfassen, allerdings bereits gescheitert. Dieser Bereich der Wirklichkeit ist dualistisch nicht mehr erreichbar.

Es fragt sich, ob wir mit dieser Methode die göttliche Wahrheit erkennen können."

Eckhard: „Was sollte dem Erkennen Gottes durch den Menschen entgegenstehen? Bitte erläutere das."

„Wir haben auf der einen Seite die Erkenntnismethode des Menschen, als Subjekt das Objekt zu betrachten und auf der anderen Seite die göttliche Einheit in ihrer Ununterschiedenheit.

Meister Eckehart sagt, dass alles, was wir erkennen, was wir zerteilen oder dem wir Unterschiedenheit beilegen können, gerade nicht Gott ist. [27] Gott kann in seiner ununterschiedenen Einheit nicht mit differenzierendem Denken, nicht dualistisch erkannt werden. Das ist das Dilemma, in dem der Mensch steht. Wir versuchen zu unterscheiden, was unterschiedslos ist und nicht unterschieden werden kann. Du kannst nicht mit einem Fischernetz Lichtstrahlen einfangen.

Die Dualität wird durch das empirische Ich erzeugt. Das Bewusstsein des Ich führt zur Spaltung von Subjekt und Objekt. Das denkende Ich schafft Begriffe, Bilder und Vorstellungen, es stellt sich etwas vor – ich meine das Wort wörtlich, wie wenn man eine Tonfigur vor sich hinstellt. Diese Vorstellung spaltet die Welt in ein Subjekt und ein Objekt. Der Mensch sieht sich als von Gott unterschieden mit der Folge, dass er sich von Gott eine Vorstellung macht, also ein Gegenüber erzeugt.

Wird sich der Mensch seiner selbst und der Welt als davon getrenntes Objekt bewusst, ist ihm alles, auch Gott ein Objekt. [28]

„Der Mensch schafft Gott und die Weltwirklichkeit durch den Begriff, der entsteht, wenn der Mensch aus seinem weiselosen Urgrund heraustritt." [29] Meister Eckhart sagt: „Als ich (noch) in meiner ersten Ursache stand, da hatte ich keinen Gott ... Als ich aber ... mein geschaffenes Sein empfing, da hatte ich einen Gott ..." [30]

Eckhard wandte ein: „Offen gestanden bin ich verwirrt. Die Welt, in der wir leben, ist nach meiner Überzeugung dualistisch aufgebaut. Es gibt doch ein Ich und ein Du, ein Subjekt und ein Objekt, ein Täter und ein Opfer. Und das soll auf einmal nicht mehr gelten? Denk an die Stelle in der Ode an die Freude in der „Neunten" von Beethoven, in der es flehentlich heißt: „Überm Sternenzelt muss ein lieber Vater wohnen"; wenn ich diese Worte zitiere, höre ich die gewaltige Musik und identifiziere mich mit diesem Flehen. Das Vaterunser setzt einen dem Menschen gegenüberstehenden Gott voraus, sieh dir die Vaterunserbitten an. Das soll nicht mehr gelten?"

Hannes sagte weiter: „Es kommt auf den Betrachter an. Stell dir einen Fluss vor, der Tausende von Kilometern durch Landschaften fließt und sich dann plötzlich teilt und in der Mitte eine lange Insel bildet, rechts und links in zwei Armen an der Insel vorbeifließt, um sich am Ende der Insel wieder zu vereinen. Der Betrachter, der auf der Insel steht und weder von der Teilung des Flusses am Anfang der Insel noch vom Zusammenfließen am Ende der Insel etwas weiß, sieht rechts und links der Insel jeweils einen Fluss und erklärt: Das sind zwei Flüsse. Der Betrachter, der auf einem hohen Berg in der Nähe steht, sieht aus der Vogelperspektive den aus weiter Ferne ankommenden Fluss, die Teilung in die beiden Flussarme und wieder das Zusammenfließen und erklärt: Das ist ein Fluss. Es kommt auf den Betrachter an. Der erste Betrachter sieht die duale Welt und der zweite Betrachter erkennt die Einheit. Es kommt darauf an, trotz der dualistisch erscheinenden Welt die Einheit zu erkennen.

Meister Eckhart spricht von den zwei Wahrheiten, von einer Abend- und einer Morgenerkenntnis der Engel. „In der Abend-erkenntnis sehen die Engel alle Dinge in ihrem natürlichen Licht. In der Morgenerkenntnis sehen sie alles in Gott." [31]

Gott ist alles, das Eine und das Ganze und außer Gott ist nichts, daher ist Gott in allen Dingen, „denn er ist das Eine eines jeden Wesens, von jedem ungeschieden und ununterschieden." [32] Die Kreatur jedoch ist durch Unterschiedenheit gekennzeichnet. Meister Eckehart sagt: „Denn Gott ist bei uns, da er ja ununter-schieden ist, wir aber nicht bei ihm, da wir ja als geschaffen und begrenzt unterschieden sind." [33]

Gott ist also stets in seiner Einheit ununterschieden und damit mit seiner gesamten Existenz in allen Dingen. Außer Gott ist nichts. Der Mensch aber ist auf Grund seiner Bewusstwerdung von dieser Einheit getrennt, er schafft sich denkend eine Welt und einen Gott als Gegenüber. Der Mensch denkt Gott.

Meister Eckehart sagt : „Der Mensch soll sich nicht genügen lassen an einem gedachten Gott; denn wenn der Gedanke ver-geht, so vergeht auch Gott." [34]

Mit einem gedachten Gott zu leben, von dem man sich einen Begriff macht und den man sich auf Grund des Denkens vor-stellt, ist äußerst gefährlich. Wenn die Vorstellung von dem gedachten Gott zerbricht wie eine Tonfigur, die du vor dich

hingestellt hattest, dann bricht deine gesamte Vorstellungs-
welt zusammen. Für den Menschen ist es daher, um das Göttliche zu erkennen, unerlässlich, die Trennung von Subjekt und
Objekt zu überwinden.[35] Solange sich der Mensch noch Bilder
und Begriffe von Gott macht, ist er nicht in der Lage, die Gottheit zu erfassen.[36]

Gott ist die Einheit, das Eine, das Eins. Was eins ist, ist ununterschieden und kann daher durch denkendes Unterscheiden
nicht erkannt werden.

„Hätte ich einen Gott, den ich erkennen könnte, ich würde
ihn nimmer für Gott ansehen!"[37]

Solange wir uns nicht von der dualen Betrachtung der letzten
Wirklichkeit verabschieden, haben wir zum Göttlichen keinen
Zugang.

Und wie kann man non-dual noch über Gott reden?

4. Gott

„Das Gotteserlebnis des Paulus ist ein wichtiger Hinweis: *Auf
einer Reise kam er in die Nähe von Damaskus, als er plötzlich von Licht
umstrahlt wurde und eine Stimme hörte. Als er von der Erde aufstand,
sah er nichts* (Apg 9, 3ff). „*Ich kann nicht sehen, was Eins ist*", Paulus
sah nichts: das war Gott. „Gott ist ein Nichts und ein Etwas",
sagt Meister Eckehart[38] und weiter, „alles das, was in der Gottheit ist, das ist Eins, und davon kann man nicht reden".[39] Dieses
Eine umfasst ausnahmslos alles. Gott ist in allen Dingen;[40] Gott
schmeckt sich selbst in allen Dingen.[41] Und Meister Eckehart
geht noch weiter und sagt: „Das Auge, in dem ich Gott sehe, das

ist dasselbe Auge, darin mich Gott sieht; mein Auge und Gottes Auge, das ist **ein** Auge und **ein** Sehen und **ein** Erkennen und **ein** Lieben". [42] Gott wird mit Gott erkannt". [43]

Meister Eckehart verallgemeinert den Begriff Gott und spricht von „Gottheit" und der „stillen Wüste der Gottheit", „in die nie Unterschiedenheit hineinlugte." [44] Aber auch dieses Gleichnis von der stillen Wüste schiebt Eckehart bei Seite und sagt. „Willst du die Natur unverhüllt finden, so müssen alle Gleichnisse zerbrechen." [45] „Denn liebst du Gott, wie er Gott, wie er Geist, wie er Person und wie er Bild ist, – das alles muss weg. Wie denn aber soll ich ihn lieben? – Du sollst ihn lieben, wie er ein Nicht-Gott, ein Nicht-Geist, eine Nicht-Person, ein Nicht-Bild, mehr noch: wie ein lauteres, reines, klares Eines ist, abgesondert von aller Zweiheit. Und in diesem Einen sollen wir ewig versinken vom Etwas zum Nichts." [46]

Gott ist das Nichts. Dieses Nichts ist nicht etwa der Gegensatz zum Sein. Gott ist ein Nichts in dem Sinn, dass er über allem Sein und dem Gegenteil vom Sein steht. Gott ist auch kein Nichts im Sinne des Nihilismus. Gott ist ein positives Nichts. Das Nichts Gottes ist für den Menschen unergründlich.

Die christliche Tradition unterscheidet zwischen der reinen Transzendenz Gottes und seinen Manifestationen im Kosmos. [47] Meister Eckehart spricht vom Gott, der wirkt und der nichtwirkenden Gottheit. [48] Der Advaita Vedanta kennt ebenfalls den eigenschaftslosen Brahman und die Objektivierung des Absoluten (Isvara). [49] Das Universum ist eine Verwandlung des göttlichen Urprinzips in eine materielle Verfestigung, wie eine kleine, völlig unbedeutende Insel in der Endlosigkeit der Weltmeere. Die Gottheit ist die ununterschiedene Einheit und daher in allen Dingen, im ganzen Kosmos – und darüber hinaus ist sie alles, was uns völlig unzugänglich ist.

Die weiselose Gottheit und der wirkende Gott in seinen Manifestationen sind aber nicht realiter verschieden. [50] Der Mensch ist in seiner natürlichen Betrachtungsweise, bedingt durch sein Subjekt, getrennt vom Göttlichen und erst nach Überwindung seiner Dualität von Gott und der Gottheit undifferenziert. Die Unterscheidung besteht nur solange, bis der Mensch seine Subjekt-Objekt bedingte Betrachtungsweise aufgegeben hat. Dann befindet er sich in dem positiven Nichts, mit dem ich Gott umschreibe.

In diesem positiven Nichts ist Gott bei den Menschen und im Menschen, da Gott alles ist und sich durch Ununterschiedenheit auszeichnet.

Der Mensch betrachtet Gott solange als Gegenüber, bis er erkannt hat, was der Mensch wirklich ist."

Und was ist der Mensch?

5. Der Mensch

Der Mensch ist mit seinem empirischen Ich nicht identisch. Was wir als unser empirisches Ich betrachten, ist wandelbar und vergänglich, daher nicht wirklich real. Nur unser innerstes, göttliches Prinzip, das Meister Eckhart das „Seelenfünklein" nennt, ist real. Und dieses Seelenfünklein ist ohne einen Unterschied mit der göttlichen Substanz identisch. Erst wenn wir erkennen, dass wir nicht unser empirisches Ich sondern in Wahrheit unser göttliches Seelenfünklein sind, überwinden wir die Spaltung von Subjekt und Objekt, von Mensch hier und Gott dort.

Das setzt voraus, dass der Mensch sein zweifaches Nichts erkennt.

Der Mensch ist ein Nichts, sofern es um sein empirisches Ich geht. Dieses Ich ist der Zeit unterworfen. Das Ich hat keine zeitlose Existenz. Die Ichheit ist nicht der Kern des Menschen, nicht sein Selbst.

Der Mensch hat ein zweites Nichts. Da die göttliche „Substanz" das soeben besprochene positive Nichts ist, teilt der Mensch dieses göttliche Nichts. Auch der Mensch ist dieses Nichts. Gott und Mensch sind das Nichts im Sinne des über dem Sein und der Negation des Seins existierenden göttlichen Prinzips. „Wenn sich die Seele selbst als nichtig erkennt, so will sie nicht in ihrem Etwas bleiben und wirft sich in das Nichts der Gottheit, dass sie mit Nichts zu Nichts werde. Hier meint sie, dass ihr Etwas, das sie an sich selbst erkennt, zunichte wird an dem Nichts, das sein eigenstes Etwas ist und in der Einigkeit besteht." [51]

In der Erkenntnis des Menschen, was er wirklich ist, ist der Unterschied zwischen Mensch und Gott aufgehoben. „Der Mensch ist zur Gottheit geworden." [52]

Das haben Menschen schon in früher Zeit erkannt. Shakyamuni Buddha hat bei seiner Erleuchtung erfahren, dass alle Menschen die Buddhanatur haben, [53] diese Urnatur, die wir Gott nennen.

Sehen wir uns um bei den Upanishaden. Dort werden uns wunderbare Bilder vor Augen geführt:

Der Meister bittet den Schüler, er möge ihm eine Nyagrodha-frucht bringen und diese zerteilen. „Was siehst du da?", fragt der Meister. „Ganz feine Körper, Ehrwürdiger." „Spalte eines von diesen." „Es ist gespalten, Ehrwürdiger." „Was siehst du da?" „Nichts, Ehrwürdiger." Der sprach zu ihm: „Der feinste Stoff, den du nicht wahrnimmst, aus dem besteht so der große Nyagrodhabaum. Glaube, mein Lieber, diese feinste Substanz durchzieht dies All, das ist das Wahre, das ist das Selbst, das bist du ..."[54]

Diese Identitätsformel: „Tat twam asi", „Du bist es selbst, du bist das All, zwischen dir und dem All gibt es keinen Unter-schied."[50, 56] ist der Höhepunkt der Upanishaden. Mit Recht wird darauf hingewiesen, dass die höchste Stufe religiöser Entwicklung bereits vor fast 3000 Jahren mit der Identitäts-formel in den Upanishaden erreicht und seither weder vom Buddhismus noch von den christlichen Mystikern noch von den Sufis des Islam übertroffen worden ist.[57]

Konsequent heißt es in einer weiteren Upanishad: „ ... wenn einer erkennt: „Ich bin Brahman.", wird er zum All.[58] Atman und Brahman sind also nicht verschieden.

In einer anderen Upanishad heißt es geradezu romantisch, dass die Seele der Geschöpfe eine Einheit ist, nur von Ge-schöpf zu Geschöpf verteilt, eine Einheit und Vielheit zu-gleich, wie der Mond sich in vielerlei Gewässern spiegelt.[59] Das Mondlicht ist also in jeder Spiegelung in noch so vielen Gewässern absolut identisch, substanzgleich.

Und in einem weiteren, großartigen Bild heißt es, dass das Höchste in dem einzelnen menschlichen Körper wie Luft in einem Gefäß wohnt und der Inhalt nicht untergeht, wenn der Krug zerbricht.[60] Auch hier wird wieder die Substanzgleichheit anschaulich vor Augen geführt."

„Und merken die Menschen nicht, woher sie stammen und was sie in ihrer Substanz sind?", fragte Eckhard.

„Da antworte ich dir mit einem weiteren wunderschönen Bild aus einer anderen Upanishad:

Am Beispiel der Ströme wird erläutert, dass, wenn sie ins Meer zurückgeflossen sind, dort nicht wissen, ob sie dieser oder jener Strom sind, ebenso nicht gewusst haben, dass sie aus dem Meer durch Wolken und Regen entstanden sind.[61]

Ja, wir sind der Strom, der ins Meer zurückfließt und nicht weiß, dass er von dort gekommen ist.

Der Titel eines Buches von Willigis Jäger lautet: „Die Welle ist das Meer." Gemeint ist die gesamte Wirklichkeit einschließlich des Kosmos und dem darin lebenden Menschen. Es gibt keine Trennung von Welle und Meer. Der Kosmos ist die Inkarnation der Wirklichkeit, die wir Gott nennen.[62] Dieses göttliche Leben hat sich auch in uns Menschen inkarniert, es ist Mensch geworden, es hat sich in der menschlichen Gestalt eingegrenzt.[63] Meister Eckehart sagt: Gottes Sein ist mein Leben; dann aber ist Gottes Wesenheit meine Wesenheit.[64] Da Gott sich nicht teilen kann, ist Gott mit seiner ganzen Wesenheit im Menschen.[65] Wir sind der Vollzug des Göttlichen.[66] Gott offenbart sich im Baum als Baum, im Tier als Tier und im Menschen als Mensch.[67]

Gott möchte in uns Mensch sein, an diesem Platz, zu dieser Zeit und an diesem Ort. [68] „Wir sind dazu da, wahre Menschen zu werden." [69]

Solange wir uns allerdings mit unserem Ich identifizieren, sind wir auf Kollisionskurs. „Die Ichheit", sagt Schelling, ist der „Punkt der äußersten Entfernung von Gott." [70] Wir identifizieren uns mit unserem Ich. Unser Ich ist ein Ergebnis der Evolution, ohne das wir nicht Mensch geworden wären. Es ist unverzichtbar. Es ist aber zugleich eine Eingrenzung und diese Eingrenzung müssen wir bewusst überwinden. [71] Wir müssen unser Ich als notwendiges Handlungsinstrument begreifen und bejahen und es so und nicht anders einordnen. Wir müssen unser „Antlitz vor unserer Geburt" erkennen, wie Zen formuliert oder wie Gertrud von Le Fort sagt, das „unentweihte Antlitz" des Menschen. [72]

Betrachtet ein Mensch sein Ego isoliert und identifiziert er sich mit ihm, erliegt er einem folgenschweren Irrtum und verfehlt sein Ziel. In Wahrheit sind wir Inkarnation göttlichen Lebens. Die so oft hervorgehobene unverwechselbare Einmaligkeit des Menschen hat in der Morgenzeit ihre eitle Verselbständigung eingebüßt. Die Menschen wissen, dass immer die gleiche göttliche Substanz in jedem Menschen ihre unterschiedliche Ausprägung hat. Sie haben erkannt, dass die Würde eines jeden Menschen ausschließlich in seiner göttlichen – wie auch immer geprägten – Substanz besteht – und nicht in seiner „Ichheit".

Die Menschen der Morgenzeit wissen, dass sie göttliches Leben in freier Entscheidung ihrer Persönlichkeit verwalten. Sie betrachten sich als Hausverwalter und nicht als Eigentümer.

Sie wissen um ihre Würde. Und sie wissen, dass jeder Mensch die gleiche göttliche Würde hat. Die gleiche göttliche Substanz ist in jedem Menschen. Die Unterschiede der Menschen begreifen sie wie die Unterschiede bei allen Gattungen der Lebewesen als eine spielerische Ausformung der Ersten Wirklichkeit."

Eckhard nickte lächelnd und sagte: „Seit meiner frühesten Kindheit empfinde ich in mir eine große Bejahung, ein unbedingtes „Ja" zu mir selbst, zu meiner Existenz, zu meinem Leben, zu dieser Welt. Jetzt ist mir bewusst, warum. Dieses „Ja" ist die göttliche Urkraft selbst, die in meiner Existenz aufscheint und sich in dieser Form der Wirklichkeit darstellt. Ich bin das göttliche Leben selbst. Ich empfinde ein tiefes Glücksgefühl."

„Das Bewusstsein des Menschen ist vor vielen Tausend Jahren erwacht. Warum hat es so lange gedauert, bis die Menschheit über die duale Welt hinaus auf die Einheitserkenntnis gekommen ist?"

Hannes antwortete trocken: „Weil es einfach ist."

6. „Beziehung" zwischen Gott und Mensch?

„Wenn Gott und Mensch nicht als Zweiheit angesehen sondern als Einheit erfahren werden, dann kann es keine Beziehung, kein Spannungsverhältnis zwischen Gott und dem Menschen geben", sagte Eckhard.

„Das ist in der Tat eine zwingende Konsequenz. Gott ist Alles. Es gibt nichts außer Gott. Gott ist die stille Wüste, die Leere, die eine Qualität hat. Er ist „na, na", weder dies noch das. Aus diesem Dunkel kam das Licht. Und daraus ist alles geworden einschließlich unserer so kleinen und gleichzeitig so wunderbaren Existenz. Der Kosmos ist ein Ausdruck des göttlichen Urprinzips, das unfassbar, unsagbar ist. Dieses göttliche Urprinzip ist innerhalb des gesamten Kosmos und zugleich außerhalb. Es ist in uns und außerhalb von uns. Soweit das göttliche Urprinzip innerhalb von uns ist, kann es keine „Beziehung", kein Spannungsverhältnis zwischen dem Menschen und diesem Urprinzip geben. Soweit das Urprinzip außerhalb des Menschen betrachtet wird, kann eine Beziehung begründet werden. Ich denke an das oft von Willigis Jäger benutzte Bild vom Ast, der zum Baumstamm „Du" sagen kann. Denk an das Bild von dem Fluss, der sich teilt, in der Mitte eine Insel bildet und wieder zusammenfließt. Es kommt jeweils auf den Betrachter an. Die Zweiheit ist unsere natürliche Betrachtungsweise. Aber man muss über die Zweiheit hinaus die Einheit erkennen. Auf der einen Seite verliert sich das göttliche Prinzip über die Existenz des Kosmos hinaus in unergründliche Weiten, in die „Stille hinter der Stille." Auf der anderen Seite ist das göttliche Prinzip dem Kosmos und damit dem Menschen immanent. Der Baum ist auch im Ast „Baum". Und der Fluss, der sich zweiteilt, bleibt dieser Fluss. Wir müssen erkennen, dass unsere „Substanz" identisch ist mit dem, was innerhalb und außerhalb des Kosmos ist – und nicht ist. Die „Stille hinter der Stille", von der Willigis Jäger spricht, mit der wir uns verbinden sollen, ist außerhalb allen Seins und zugleich in uns selbst. Dieses allumfassende göttliche Prinzip zu erkennen und in seinem Handeln zu verwirklichen, dazu ist der Mensch berufen. Der Vormarsch der Menschheit auf die

Ganzheitserkenntnis der göttlichen Einheit kann, davon bin ich überzeugt, nicht mehr zum Stillstand gebracht werden."

7. Bewusstseinsinseln

Eckhard sagte: „Ich bin noch nicht damit fertig, dass die Erfassung der Einheitserkenntnis Jahrtausende gebraucht haben soll, du zitierst doch selber Meister Eckehart, Jesus, Buddha und die Upanishaden. Dort sind die Einheitserfahrungen doch verankert. Die Erkenntnis liegt in Wahrheit also schon lange zurück."

Hannes: „Das sind, ich möchte sagen, die Bewusstseinsinseln der Menschheitsgeschichte, die auch nicht untergegangen sind, aber über lange, lange Zeit Inselcharakter behalten haben. Nimm die Bibel: Sie wird seit über zweitausend Jahren in der ganzen Welt verkündet; allein der katholischen Kirche gehören ca. 1,3 Milliarden Menschen an, weitere Christen anderer Kirchen von ca. einer Milliarde Menschen kommen hinzu. Und die so entscheidenden Aussagen über die Einheitserfahrung von Jesus werden nicht zur Kenntnis genommen, ja von der Interpretation ausgenommen. Es hat viele Menschen gegeben, die zur Einheitserfahrung vorgestoßen sind. Denk an die Mystiker in allen Religionen und zu allen Zeiten: Sie berichten über ihre Einheitserfahrungen. Alle Berichte darüber hatten aber nicht die Wirkung, dass die Menschheit davon erfasst wurde. Der Geist weht, wo er will. Die Einheitserkenntnis hat sich nun in der Morgenzeit ausgebreitet. Der in der Morgenzeit herrschende Geist ist die Einheit. Vielleicht ist es ein Spiel des Kosmos – ein Versteckspiel – , dass die Menschheit so lange in der dualistischen Erkenntnisfalle gelebt hat. Der Vollständigkeit halber möchte ich nicht verschweigen, dass es in der Morgenzeit jetzt aber umgekehrt – ich möchte sagen – negative Bewusstseinsinseln gibt, in die die Einheitserkenntnis noch nicht vorgedrungen ist. Auch in der Morgenzeit gibt es Menschen, die das Recht auf Unkenntnis und Irrtum für sich in Anspruch nehmen. Und ich werde aber noch berichten, mit welcher Sorgfalt die Menschheit der Morgenzeit darüber wacht, dass der herrschende Geist der Einheit bewahrt wird und nicht mehr untergeht. Die Minderheit wird toleriert, ihre Unkenntnis aber nicht aus dem Auge gelassen."

KAPITEL 7

Folgen der Einheit

„Wir haben die Erkenntnis der Einheit besprochen und festgestellt, dass die Substanzgleichheit also auf der Einheit der Menschen in Gott beruht. Was aber sind die Konsequenzen der Einheitserkenntnis im einzelnen?"

1. Nächstenliebe

„Die Menschen der Morgenzeit wissen auf Grund der Einheitserkenntnis, dass Gott und Mensch die gleiche Substanz sind, wobei wir unter Substanz ja nicht eine „Substanzknolle"[73] verstehen sondern das positive Nichts, das die Gottheit ist und das sich in uneingeschränkter Identität im Menschen befindet. Die so verstandene Substanz ist in Gott und in allen Menschen ohne einen

Unterschied von Mensch zu Mensch und von jedem Menschen zu Gott gleich.

Daraus folgt zwingend das vorhin besprochene Aaronprinzip, das die Menschen dazu veranlasst, den Mitmenschen, der ja von uneingeschränkt gleicher Substanz ist, genau so zu behandeln wie sich selbst."

„Also sind wir bei dem Gebot: Du sollst deinen Nächsten lieben wie dich selbst."

„Wir sind bei dem gleichen Inhalt, aber keineswegs bei einem Gebot. Statt „Du sollst", wie bei einem Gebot, beruht das Aaronprinzip gerade nicht auf einem Gebot. Vielmehr ist das Aaronprinzip eine notwendige Konsequenz aus der Substanzgleichheit aller Menschen. Das Aaronprinzip kennt weder dieses „Du sollst" noch „Ich will", das Handeln infolge des Aaronprinzips ergibt sich von selbst. Wie du dir selbst nicht schadest, wie du dich selbst nicht verletzt, wie du dich selbst nicht kränkst, wie du dich selbst nicht vernachlässigst, wie du für dich selbst sorgst – genau so behandelst du deinen Mitmenschen. Das Aaronprinzip ist von dem Wesen der Nächstenliebe nicht verschieden, aber meilenweit vom Gebot der Nächstenliebe entfernt."

„Macht es wirklich einen wesentlichen Unterschied aus, ob ich im Aaronprinzip lebe, das ja inhaltlich mit der Nächstenliebe identisch ist, oder ob ich dem Gebot der Nächstenliebe unterstehe?"

„Das Gebot der Nächstenliebe wird seit 2000 Jahren gepredigt. Was hat es bewirkt? Wie ist die Geschichte der Menschheit seitdem verlaufen? Wie sieht unsere Welt heute aus?

Die Wahrheit ist, dass das „Gebot" der Nächstenliebe im Maßstab der Geschichte und im gegenwärtigen Weltmaßstab kläglich versagt hat und immer noch versagt. Wir stehen vor einem Scherbenhaufen, politische, soziale, umweltbezogene, wirtschaftliche und finanzielle Probleme gigantischen Ausmaßes begegnen uns täglich in unseren Medien. Wir sehen Hungernde, Verfolgte, in Kriegen Mordende und Ermordete; Katastrophen drohen, von den völlig unkalkulierbaren Bedrohungen durch den Terrorismus ganz zu schweigen. Und das liegt daran, dass die Aufforderung: „Du sollst deinen Nächsten lieben wie dich selbst" als Gebot nicht zum Erfolg geführt hat. Das wird uns Tag für Tag vor Augen geführt.[74]

Die Tatsache, dass wiederum das Gebot der Nächstenliebe nicht in ein selbstverständliches Prinzip des Handelns, mit dem Mitmenschen so umzugehen wie mit sich selbst, verwandelt worden ist, liegt daran, dass die Menschen die Substanzgleichheit der Mitmenschen auf Grund der Einheit nicht erkannt haben. Es ist eine tragische Entwicklung, dass die zentrale Aussage der Bibel von der Einheit zwischen Gott und Mensch nicht rezipiert worden und infolge dessen seit 2000 Jahren nicht Gegenstand der Verkündung in den christlichen Kirchen ist. Immerhin gibt es 1,3 Milliarden Katholiken und eine fast ähnlich große Zahl Angehöriger anderer christlicher Kirchen auf der Welt. Das ist ein beträchtlicher Teil der Gesamtbevölkerung dieser Erde. Die frohe Botschaft von der Einheit zwischen Gott und allen Menschen erreicht diese Menschen der Gegenwart so wenig wie in der Vergangenheit. Das macht mich sehr, sehr traurig.

Um so glücklicher berichte ich dir aus der Morgenzeit, der anderen Gegenwart, aus der ich gestern wieder gekommen bin.

In der Morgenzeit verwirklicht sich die Nächstenliebe, die ich im Unterschied zum Gebot der Nächstenliebe als das Aaronprinzip bezeichnet habe, weil mein Freund Aaron mir dieses Prinzip des Denkens, Handelns und Fühlens der Menschen in der Morgenzeit vermittelt hat.

Um so krasser empfinde ich den Unterschied zur Gegenwart.

2. Friedensgebot

Noch folgenschwerer war in der Vergangenheit und ist in der Gegenwart, dass das Friedensgebot der Bibel sogar in sein Gegenteil verkehrt worden ist.

Jesus verlangt: *„Ihr habt gehört, dass gesagt ist: „Auge um Auge, Zahn um Zahn" Ich aber sage euch, dass ihr nicht widerstreben sollt dem Übel, sondern: wenn dich jemand auf deine rechte Backe schlägt, dem biete auch die andere dar ..."* (Mt 5, 38f). Und weiter: *„Liebt eure Feinde; tut wohl denen, die euch hassen; segnet, die euch verfluchen; bittet für die, die euch beleidigen."* (Lk 6, 27f)

Das Friedensgebot folgt aus dem Gebot der Nächstenliebe. Es ist die letzte Steigerung der Nächstenliebe, wenn ich von einem Feind geschlagen werde, mich nicht wehre und dann noch stillhalte, dass der Feind auch noch zum zweiten Mal ausholen kann.

Sehe ich meinen Mitmenschen und in diesem Falle meinen Feind als von gleicher Substanz an, ja, habe ich erkannt, dass zwischen dem Mitmenschen und mir Einheit besteht, wie zwischen mir und Gott und dass Gott mir in diesem Mitmenschen begegnet, erst dann bin ich in der Lage, mich so zu verhalten, wie die Bibel es beschreibt. Den Feind lieben kann ich erst, wenn ich die Einheit zwischen ihm und mir erkannt habe. Erst wenn ich weiß, dass ich mich selbst schlage, wenn ich mich verteidige, lasse ich von der Gegenwehr ab.

Jesus ist in seiner Passion diesen Weg bis zum bitteren Ende gegangen.

Das Friedensgebot der Bibel hat in der Geschichte jedoch ein tragisches Schicksal erfahren.

Das Friedensgebot und das Tötungsverbot mit der radikalen Ablehnung der Gewalt waren bis ins 4. Jh Grundlage in der Kirche für die Ablehnung jeder Form der Tötung oder des Kriegsdienstes. Der Kriegsdienst wurde unter Berufung auf das jesuanische Friedensgebot abgelehnt. [75]

Das änderte sich schlagartig mit dem Sieg Kaiser Konstantins, der als der Große bezeichnet wird, an der Milvischen Brücke am 28. Oktober 312. Konstantin hatte im Frühjahr 310 eine spektakuläre Himmelserscheinung [76], er sah über der Sonne das Kreuz mit der Beischrift „Hierdurch siege", das Christus im nachfolgenden Traum als Schutzemblem zu verwenden empfohlen habe. [77] Daraufhin wurde an der kaiserlichen Standarte, dem Labarum, das christliche P/X angebracht. Am Vorabend der Entscheidung an der Milvischen Brücke wurde Konstantin im Traum aufgefordert, das Christogramm auf den Schilden seiner Soldaten anbringen zu lassen. [78]
Konstantin siegte. Konstantin wurde zum Wegbereiter des Christentums als Weltreligion und zum „Großen" erhoben. [79] Dabei darf nicht unerwähnt bleiben, dass Konstantin nicht nur das mörderische Handwerk des Krieges zur Sache des

Christengottes gemacht und die Vermählung des Christentums mit der Gewalt inszeniert hat, sondern sich vielmehr auch als gemeiner Serienmörder betätigt hat. Er ging über Leichen: So hat er zunächst seinen Schwiegervater und seine drei Schwäger umbringen lassen und sodann seine nächsten Angehörigen, und zwar seinen ältesten Sohn Crispus durch Gift und schließlich seine Frau Fausta durch Ersticken. [80]

Der Weg der Gewalt im Namen Gottes durch die Jahrhunderte war für das christliche Abendland geebnet.

Der nachhaltige Erfolg dieser konstantinischen Wende wäre jedoch kaum möglich gewesen, wenn sich nicht zugleich die Theologie eingeschaltet und dieser Wende die theologische Grundlage gegeben hätte. Diese theologische Aufrüstung ist im wesentlichen das Werk des bis heute gefeierten Kirchenvaters Augustinus und seiner Lehre vom angeblich gerechten Krieg als Vergeltung (!) für Unrecht oder Herausgabe rechtswidrig Erlangten. [81] Gott selbst wird zum Heerführer gegen das Unrecht ernannt, sodass die am Kampf Beteiligten beim Töten kein Unrecht tun; der gerechte Krieg wird zum Heiligen Krieg. [82] Augustinus bezeichnete die gewaltsame Bestrafung von Häretikern als Ausdruck von Liebe und ging so weit zu behaupten, dass sich an der Heftigkeit der Strafe der Grad der Liebe erkennen ließ. [83]

Die Würdigung des Kirchenvaters Augustinus als „Heiliger" hat seinen Lehren Geltung durch die Jahrhunderte und den Bestand bis in unsere Tage gesichert.

Da die Institution, die Augustinus zum Heiligen erklärt hat, sich nach ihrem Selbstverständnis nicht irrt, enthält auch der neueste Katechismus, der bereits mit einem Geleitwort Benedikts des XVI. versehen ist, Ausführungen über den angeblich gerechten Krieg (Frage 483) und die Todesstrafe (Frage 469)[84], Ausführungen, deren ich mich als Katholik schäme. Was wäre wohl in einer von Gewalt brodelnden Welt dringlicher, als der Gewalt schleunigst jede theologische Rechtfertigung zu entziehen? Und was wäre für die Christenheit in einer Welt, deren Aggressionspotential jederzeit explodieren kann, angemessener, als auf kürzestem Wege zum strikten Friedensgebot der Bibel zurückzukehren?"

Aus allem folgt: Das in der Bibel verankerte Gebot der Feindesliebe hat sich seit Konstantin und der theologischen Unterstützung durch die Kirchenväter, insbesondere den als Heiligen verehrten Augustinus, in sein Gegenteil verkehrt. In diesem Punkt ist das Christentum pervertiert. Die Folge war die Rechtfertigung von Kriegen, die Millionen von Menschen das Leben gekostet haben und ungezählten Menschen Verstümmelungen und Verletzungen, von familiärem und wirtschaftlichem Leid durch Verlust von Söhnen und Ernährern ganz abgesehen.

Mit dem Aufkommen der Nationalstaaten verschwand dann auch noch jedes Rechtfertigungsbedürfnis zur Durchsetzung politischer Ziele durch Kriege; der Höhepunkt wurde erreicht, als das Kriegshandwerk auch noch glorifiziert wurde, indem die zum Töten geschickten Soldaten mit Ruhm und Ehre bedacht wurden, was erst mit dem Grauen des Ersten Weltkrieges sich zu ändern begann.[85] Da die Kirchen an ihrem durch Jahrhunderte gepflegten Irrtum vom gerechten Krieg klebten, blieb dann auch der massive Widerstand gegen den Beginn des Zweiten Weltkriegs leider aus.[86]

Eckhard fragte: „Und wie sieht das in der Morgenzeit aus?"

Hannes antwortete: „Die unselige Geschichte der Menschheit als eine Aneinanderreihung von Kriegen ist überwunden. Aus dem Bewusstsein der Einheit von Gott und Mensch und damit der Einheit von allen Mitmenschen folgt, dass Anwendung von Gewalt sich nicht nur gegen den anderen sondern zugleich auch gegen sich selbst wenden würde. Die Hand schlägt nicht den eigenen Fuß. Das haben die Menschen der Morgenzeit erkannt. Und danach leben sie. „Ist das etwa das Reich Gottes?"

3. Das Böse und das Leid

Beide schwiegen für eine Weile. Dann wurde Eckhard nachdenklich und bemerkte:

„Lass uns vorher noch über die Frage des Bösen und des Leides sprechen.

Wenn der Mensch eine Inkarnation des Göttlichen ist, wie steht es dann mit dem Leid und dem Bösen im Menschen? Ist das nicht ein unüberwindlicher Gegensatz: göttliches Leben auf der einen Seite und Elend und Böses auf der anderen?"

„Das göttliche Urprinzip in seiner Vollkommenheit hat sich im Kosmos und letztlich im Menschen in die Unvollkommenheit begeben. Es hat die Ungeheuerlichkeit begangen, im Menschen eine Entscheidungsfreiheit zu installieren, mit der sich der Mensch gegen das Urprinzip und für das Böse entscheiden kann. Bevor es Menschen auf diesem Globus gegeben hat, gab es nichts Böses auf dieser Welt. Das Böse ist erst mit dem in Entscheidungsfreiheit lebenden Menschen auf diese Welt gekommen. Wer sich jedoch bewusst ist, dass er göttliches Leben in sich verwaltet, ist für das Leben und für den Menschen eingestellt, weiß um seine Würde und seine Verantwortung gegen die Mitmenschen und die gesamte Natur und kann sich leichter vom Abgrund des Bösen abwenden."

„Und wie steht es mit dem Leid auf dieser Welt?"

Das ausschließlich durch den Menschen infolge seiner Entscheidungsfreiheit erzeugte Böse verursacht vielfältiges Leid, das man gar nicht aufzählen kann. Das beginnt in den unmittelbaren persönlichen Beziehungen, in denen Hass und Streit herrscht und endet in den großen politischen Auseinandersetzungen innerhalb der Völker und der Völker untereinander. Für Krieg, Terrorismus, Mord, Verletzungen – immer ist das Böse verantwortlich genauso wie für Armut und Unterdrückung. Das Problem des Leides, das ohne Dazutun des Menschen in die Welt kommt, etwa Krankheit und Katastrophen, habe ich noch nicht ergründet, ich kann dir darauf keine Antwort geben." Eckhard erwiderte: „Wenn sich die Fülle und Vollkommenheit des göttlichen Urprinzips in die Unvollkommenheit des Kosmos, der Natur, des Menschen begibt, dann fühlt und erlebt dieses Urprinzip auch die Krankheit, das Leid, den Tod und alle Dinge, die es ohne den Kosmos, die Natur, den Menschen nicht gäbe, ja sogar die letzte Verlassenheit in einem Menschen am Kreuz, der wie kaum ein anderer in der göttlichen Einheit lebte."

„Ich werde bei den nächsten Gesprächen in Aipotu auf diesen Punkt besonders achten. Bisher war das kein Thema. Ich habe aber das Gefühl, dass die Menschen der Morgenzeit in einem tiefen Urvertrauen zu ihrem göttlichen Ursprung leben und daher ihre Kraft und Zuversicht und ihre Einstellung zu ihren Mitmenschen beziehen. Ich halte es daher für möglich, dass die Menschen dort das Leiden und das Sterben in deinem Sinne erfahren und akzeptieren. Eines weiß ich bestimmt: Nie vergessen die Menschen der Morgenzeit die Gleichheit mit allen Mitmenschen in der Substanz und ihre Einheit mit dem gesamten All. Diese Bewusstseinsänderung hat zu der inneren Konsequenz geführt, ganz Mensch zu sein und für den anderen in gleicher Weise da zu sein wie für sich selbst."

„Ist das das Reich Gottes?

4. Reich Gottes

„Lass uns wieder einen Blick in die Bibel tun.

Jesus verkündet immer wieder das Reich Gottes.

Suchet zuerst das Reich Gottes (Mt 6, 33). Einem sehr verständigen Zuhörer sagt Jesus: *Du bist nicht weit vom Reich Gottes.* (Mk 12, 34). Als die Pharisäer ihn fragten, wann das Reich Gottes komme, antwortete er ihnen: *„Das Reich Gottes kommt nicht mit äußerem Gepränge. Man kann nicht sagen: Hier ist es oder dort. Das Reich Gottes ist in euch."* (Lk 17, 20f).

Noch deutlicher heißt es im koptischen Thomasevangelium: „ ... das Königreich des Vaters ist ausgebreitet über die Erde, und die Menschen sehen es nicht."

Aber was ist das Königreich, das Reich Gottes?

Das Himmelreich ist in jedem Menschen, sagt Jesus, es ist ausgebreitet über die Erde, aber die Menschen sehen es nicht.

Das Reich Gottes ist der Zustand der Menschheit in der Erkenntnis der Einheit von Gott und Mensch und damit auch der Einheit von allen Menschen untereinander. Aus der Einheit und Gleichheit in der Substanz folgt die Nächstenliebe, eine Nächstenliebe nicht auf Befehl sondern als schlichte Konsequenz der Gleichheit und Einheit. Zugleich folgt daraus die Friedensliebe und als letzte Instanz die Feindesliebe. Das setzt voraus, dass jeder Einzelne und mit ihm die Menschheit erkannt hat, was der Mensch in seinem eigentlichen Kern wirklich ist, nämlich ungeschieden und eins in Gott, er ist diese allein existierende Wirklichkeit selbst.

Unsere kleine Welt, unser unergründlich großes Universum ist nur eine Verwirklichung dieser Urkraft, der wir den Namen Gott gegeben haben. Aus der Perspektive dieser Urkraft gibt es keine Unterteilung, keine Differenzierung der einen Wirklichkeit. Wenn wir daher über das Himmelreich oder das Reich Gottes sprechen, so ist das in der Erkenntnis der Einheit kein Unterschied. Wir nehmen nicht nur uns in unserem empirische Ich, wir nehmen auch unsere kleine Welt für zu wichtig. Wichtig ist allein, dass der Mensch, die Welt und das Universum und was sich hinter dem Universum verbirgt, immer nur die eine göttliche Wirklichkeit ist.

„Alle Menschen werden Brüder", diese in der 9. von Beethoven so genial in die Sprache der Musik übersetzte Sehnsucht der Menschen geht in der Morgenzeit in Erfüllung.

5. Globalisierung

Eckhard sagte: „Auf den Menschen bezogen bedeutet die Erkenntnis der Einheit eine spirituelle Globalität, weil ja jeder
Mensch in seiner Substanz gleich ist, unabhängig von Rassen-
unterschieden, Alter, Beruf oder sonstigen Unterscheidungs-
merkmalen, eine Globalität des Aaronprinzips, diesem gebotlo-
sen und zugleich konsequenten Handeln der Menschen in der
Nächstenliebe.

Die spirituelle Globalität hat noch eine weitere Dimension.

Die Menschen fühlen sich in ihrer Substanzgleichheit nicht nur
in der Einheit mit allen gegenwärtigen Mitmenschen verbun-
den; da die Substanzgleichheit auf die Einheit aller Menschen
mit dem Göttlichen beruht, fühlen sie sich ebenso in der lieben-
den Einheit mit allen verstorbenen und ungeborenen Menschen.
Es ist ja immer das gleiche Mondlicht, das in den verschiedenen
Gewässern spiegelt, um im Bild der Upanishaden zu bleiben,
auch wenn Gewässer kommen und gehen.

Und so leben die Menschen der Morgenzeit zugleich mit dem
kosmischen Prinzip der Liebe in Übereinstimmung. Willigis
Jäger sagt, dass die Liebe die Wurzel der Wirklichkeit, ihr
Bauplan und damit die Grundstruktur des Universums und die
eigentliche Dimension der Evolution ist.[87] Friedrich Schiller
begreift die Liebe als kosmisches Prinzip: die Göttlichkeit in
der erkennenden Liebe zur Einheit gesammelt und durch die
tätige Liebe in den schöpferischen Prozess gezogen.[88] In der
Liebe bewegen wir uns im Einklang mit dem kosmischen
Prinzip.

Die Einheitserfahrung bewirkt den Umbruch der Nacht, den Anbruch des Lichts, den Aufbruch der Liebe und die Erfüllung des Nichts."

KAPITEL 8

Fantastic!

Eckhard und Hannes schwiegen lange Zeit und betrachteten die Milchstraße. Die Sterne hingen so tief, dass man sie vom Himmel pflücken konnte. Phantastisch. Dann durchquerten blinkende Positionslichter diagonal die Milchstraße und Eckhard sagte: „Weißt du, dass wir heute Nachmittag nach Cairns fliegen, um morgen die lange Heimreise anzutreten?" „Ja, und ich habe noch das Gewand an, ich muss schleunigst meine Klamotten holen, was würden wohl die Kölner sagen, wenn ich da in einem langen Gewand aufkreuzen würde? Also, ich muss noch mal rüber und bin in Kürze wieder hier."

Während Hannes sich auf den Weg machte, fiel Eckhard in einen tiefen Schlaf. Eckhard träumte den schlimmsten Traum seines Lebens: Bei einer Sonneneruption war ein riesengroßer, glühender Feuerbrocken herausgeschleudert worden. Rotierend raste er in Richtung Erde und ging auf Russland nieder. Von dort bewegte sich die Feuerkugel in rasender Geschwindigkeit in westlicher Richtung, bäumte eine riesige Feuerwand auf und vernichtete in einer Breite von über 2000 Kilometern alles, was ihr in den Weg kam. Eckhard flog hoch in der Luft in gleichbleibendem Abstand wie im Sog des Feuersturms mit und sah die ungeheuren Verwüstungen unten auf der Erde. Es war ein Schreien und Wehklagen. Ruinen und verbrannte Erde. Schutt und Asche. Der Kölner Dom war dem Erdboden gleich. Bilder wie nach der Bombardierung der Städte durch die Alliierten im Zweiten Weltkrieg. Der Feuersturm wendete sich leicht südlich, traf auf den Atlantik und türmte eine Gischtwand von Feuer und Wasser vor sich auf, traf donnernd auf Mittelamerika, stieß auf den Pazifik und wälzte sich auf die Küsten von Neuseeland und Australien zu. Eckhard flog immer hoch in der Luft weiter mit. Als der Feuer- und Wassersturm auf die Ostküste Australiens traf, bäumte sich die Flut und das Feuer zu unermesslicher Höhe auf, auch Eckhard flog höher und höher, sah das unbeschreibliche Ausmaß der Verwüstungen – und sah plötzlich von weitem sich selbst unter dem Baum schlafend liegen: Er schrie um Hilfe – mit einem entsetzlichen Todesschrei. Hannes war auf seinem Rückweg von Aipotu noch knapp einen Kilometer entfernt, als er den fürchterlichen Schrei durch die Nacht hörte und lief so schnell er konnte zu Eckhard, der sich unter dem Baum aufgerichtet hatte. Hannes fragte: „Was ist los?" Eckhard saß da und konnte kein Wort sagen. Sein Puls kochte. Hannes sah sich um und konnte nichts Verdächtiges feststellen.

„Was ist denn los?" wollte Hannes erneut wissen. Aber Eckhard schwieg. Hannes gab ihm die noch halb gefüllte Wasserflasche und sagte: „Trink!" Eckhard nahm einen Schluck Wasser und sagte: „Ich habe geträumt." „So schlimm?" fragte Hannes. „Ja, der schlimmste Traum meines Lebens." Hannes klopfte Eckhard auf die Schultern und die waren nass, beinahe als ob Eckhard mit Kleidung unter der Dusche gestanden hätte. „Also erzähl." Als Eckhard geendet hatte, murmelte Hannes für sich „...die Zerstörung vor dem Anfang!" Während

Eckhard kein Auge mehr zumachen konnte, fiel Hannes vor Müdigkeit um und schlief tief. Hannes erwachte, als die Sonne bereits auf der anderen Seite des Uluru ihre ersten Strahlen schickte, um den Uluru in eine wunderschöne Aura zu tauchen. „Wir müssen los!", sagte Hannes, beide nahmen ihre Rucksäcke , gingen zum Parkplatz und fuhren mit ihrem gemieteten roten Toyota Corolla zum nächsten Hotel. Denn sie hatten einen Bärenhunger. Da sie beide nur eine Mütze voll Schlaf mitbekommen hatten, beschlossen sie, noch bis Mittags zu schlafen und vorher ausführlich zu frühstücken.

Eckhard ging zur Rezeption und fragte die junge, blonde Dame mit ihren blauen Augen, wie es ihr heute morgen gehe, worauf sie in einer für Eckhard und Hannes unvergesslichen Weise strahlend und fröhlich und sehr bestimmt heraussagte „I'm fantastic!". Sie betonte das zweite „a" in dem Wort „fantastic" so stark, dass kein Zweifel übrig bleiben konnte, wie sie sich wirklich fühlte: ein uneingeschränktes Ja zum Leben! Das konnte Eckhard gebrauchen, das war Balsam für seine Seele. Eckhard war ein bisschen verlegen geworden und sagte dann auf ihre Frage, was sie für die beiden Herren tun könne: „Bitte Frühstück mit Zimmer." Sie quittierte mit einem Lächeln. Ein Blick in den Computer zeigte, dass noch ein Zimmer frei war und ein Blick auf die Uhr, dass der Frühstücksraum glücklicherweise soeben geöffnet hatte.

Beide bedienten sich am Büfett und häuften ihre großen, vorgewärmten Teller randvoll mit Rührei und geröstetem Schinkenspeck. Die Kellnerin, eine Aborigines in blauem Kleid und weißer Schürze, sah die außergewöhnlich großen Portionen, zog schmunzelnd ihre Augenbrauen hoch und fragte, ob die beiden Herren Kaffee wünschten. Eckhard sagte: „Ja, reichlich!" Die

Kellnerin bemerkte, sie könne mehr Kaffee bringen, als sie beide trinken könnten. Eckhard sagte: „Das wollen wir sehen", worauf die Kellnerin ihre schönen weißen Zähne noch deutlicher zeigte. Hannes sagte: „Die ist nett", Eckhard schwieg jedoch und horchte diesem wundervollen „fantastic", das ohne Unterlass in seiner Seele wie in einem großen, leeren Kuppelraum ständig hin und her hallte. Er sollte es in der Zukunft immer hören können, sooft er es wollte.

Sie ließen es sich gut schmecken.

Am Nachmittag flogen sie nach Cairns.

KAPITEL 9

Wie Aaron lebt

Eckhard und Hannes hatten nach dem guten Frühstück den Vormittag über fest geschlafen und waren froh, noch gerade rechtzeitig den Flieger nach Cairns zu erreichen.

Beide sprachen, bis sie im Flieger ihren Platz gefunden hatten, nur das Notwendigste, um dann bis zur Landung gänzlich zu verstummen.

Eckhard saß am Fenster und ließ sich von dem Eindruck der Farben und Formationen des Outback faszinieren. Große, weißliche Flächen von ausgetrockneten Salzseen wechselten mit grünlich und blass bläulich schimmerndem Buschland, dazwischen immer wieder Sand- und Steinflächen von unbeschreiblich schönen, rötlich warmen Tönen. Alle Farben und Formationen gingen ohne klare Abgrenzungen ineinander über. Wirkliche Unterscheidungen waren nicht auszumachen. Dann tauchten Linien auf, die sternförmig von einem Punkt in alle Richtungen verliefen, offenbar endlose Pisten in einem für die dort unten lebenden Menschen endlosen Kontinent.

Eckhard dachte an die Farmer mit ihren Familien und Mitarbeitern, die ihr Leben in dieser Wüste verbringen, an den Flying Doctor Service, der das Outback von Alice Springs aus medizinisch versorgt, eine seit Jahrzehnten ununterbrochene Meisterleistung in Organisation und Einsatzbereitschaft. Tag und Nacht kann dieser Service angerufen werden: Wenn eine Medizin ausreicht, sagt der diensthabende Arzt dem Patienten eine Zahl, der Patient geht dann an seine Hausapotheke, sucht das unter dieser Nummer und sonst nicht gekennzeichnete Medikament und folgt den Anweisungen des Arztes. Falls eine Behandlung erforderlich ist, startet ein Flieger mit Arzt und erforderlichenfalls mit Krankenschwester. Ein medizinisches Netzwerk sondergleichen. Das gilt auch für den Schulunterricht der Kinder: ein Fernunterricht, der aber in einem auf jeder Farm eingerichteten besonderen Klassenzimmer stattfindet, heute ein elektronisch optimiertes Netzwerk über den ganzen inneren Kontinent. Und vor dem geistigen Auge von Eckhard tauchen auch die Pfade der Aborigines auf, als sie den Kontinent unter dem Sternenzelt noch als Sammler und Jäger durchstreiften, um in dieser Wüste zu überleben, ein riesiges Netzwerk von gewussten, aber geheimen Pfaden. Alles Netzwerke von Beziehungen, in denen jeder Mensch zu allen Zeiten lebt, Netzwerke, die zu verschiedenen Zeiten jeweils andere Ausgestaltungen erfahren.

Eckhard wurde jäh aus seiner Gedankenwelt entrissen, als der Flieger in Cairns hart und polternd auf der Landebahn aufsetzte, um sich im nächsten Moment zu fangen. Beide fuhren mit dem Bus in die Stadt, brachten ihr Gepäck zum Hotel und machten sich auf, in der schwül-warmen Luft einen ausführlichen Spaziergang entlang dem Ozean zu machen. Wortkarg schauten sie auf die weite, blaue See, beobachteten die ihnen in allen Hautfarben entgegenkommenden Spaziergänger und bewunderten die Jogger, die bei dieser schwülen Luft sich ihren sportlichen Betätigungen hingaben.

Zufällig erreichten sie die Stelle, wo das Restaurant Barnikel Bills lag, von dem sie schon sooft gehört hatten. Sie schauten sich an, dann war der Entschluss gefasst. Der Kellner fragte nach der Reservierung, beide verneinten, dann folgte ein kleines Lächeln mit dem Bemerken, er habe noch einen schönen Tisch für sie. Sie ließen es sich bei weißem Fisch und einem Sauvignon blanc gut schmecken und beobachteten die vorüberziehenden Menschenmengen, die immer größer und lebhafter wurden, je dunkler es wurde. Eckhard hatte gehofft, Hannes würde jetzt endlich damit beginnen, darüber zu berichten, wie sich das Leben in der Morgenzeit abspielt, wollte Hannes aber dazu nicht drängen. Und Hannes sagte darüber kein Wort.

Erst nachdem sie am nächsten Tag von Cairns nach Frankfurt über Singapore gestartet waren und die erste magere Mahlzeit gekostet hatten, fragte Hannes, ob Eckhard noch interessiert sei, weiteres über die Morgenzeit zu hören. Sie hatten das Glück, dass in der Dreierreihe ein Platz unbesetzt blieb und sie sich vor Mithörern sicher sein konnten. Eckhard sagte: „Sehr, schieß los, ich warte doch schon lange."

Hannes sagte, er wisse gar nicht, wo er anfangen solle. Am besten berichte er davon, wie Aaron sein Leben gestalte, als ein typisches Beispiel für das allgemeine Verhalten der Menschen in der Morgenzeit, einem Verhalten, das zwar viele Variationen hat, aber die Unterscheidungen zur Neuzeit deutlich werden lässt.

„Fangen wir mit der Garderobe an. Aaron trägt am liebsten und regelmäßig sein langes Gewand. Wie ich ja selbst erfahren habe, ist es sehr zweckmäßig, angenehm zu tragen und kostet eine Stunde des durchschnittlichen Arbeitslohns. Da ich mein Gewand in seinem Schrank aufgehängt habe, konnte ich auch feststellen, wie seine übrige Garderobe aussieht: zwei Hosen, fünf Hemden, zwei Jacketts, zwei Paar Schuhe, ein Paar Sandalen, ein Mantel, ein Pullover und ein Hut, wie er für Australier typisch ist."

„Das passt ja in einen Spind der Bundeswehr. Ist das alles?", fragte Eckhard.

„Ja, das ist alles, was Aaron an Kleidung besitzt, und er ist damit rundum zufrieden und sehr erstaunt, wenn ich immer wieder mit neuen Sachen erscheine, was regelmäßig seine Frage hervorruft, ob denn die von mir bisher getragenen Sachen so schlecht seien, dass sie schon wieder ersetzt werden mussten; für die Konsumfreude in den Industrienationen der Neuzeit hat Aaron nicht das geringste Verständnis. Aaron bemerkt immer wieder, er trage die Kleidung für sich und nicht für andere, und vor allem rechnet er stets den Gegenwert in Arbeitszeit um und dann ist sein Entschluss bereits gefasst. Er schätzt seine Garderobe (neu) auf einen Gegenwert von knapp einem durchschnittlichen Monatslohn.

Seine Wohnung dürfte ca. 60 m^2 groß sein. Sie ist zweckmäßig, einfach und in sehr schönem Design ausgestattet. Die Haltbarkeit der Möbel wird mit etwa 30 Jahren angesetzt. Seine Einrichtung schätzt Aaron auf einen Gegenwert von ca. dreiviertel durchschnittlichem Jahresarbeitslohn.

Außerdem besitzt Aaron ein Mehrzweckfahrzeug für die Straße, das Wasser und die Luft, das nach wenigen Handgriffen die jeweilige Funktion speziell übernehmen kann. Dieses Fahrzeug ist teuer und kostet fast so viel wie die gesamte Wohnungseinrichtung. Es ist auf eine Lebensdauer von ca. 20 Jahren gebaut."

„Dann musste Aaron für sein gesamtes Hab und Gut insgesamt ungefähr eineinhalb Jahre arbeiten, wenn man einmal den Durchschnittslohn zugrundelegt."

„Das ist richtig", sagte Hannes. „Das ist doch ein Leben, wenn man insgesamt nur eineinhalb Jahre arbeiten muss, um sein gesamtes Hab und Gut anzuschaffen und danach circa dreißig Jahre Zeit hat, bevor neue Anschaffungen erforderlich werden, mit Ausnahme von vorher verschlissenen Kleidungsstücken, die finanziell nicht ins Gewicht fallen. Dann kommen noch die laufenden Ausgaben. Und die hält Aaron wieder auf einem sehr geringen Niveau. Aaron betreibt beim Essen keinen Luxus. Für ihn ist Essen Nahrungsaufnahme. Aaron ernährt sich vorzüglich vegetarisch, aber keineswegs ausschließlich. Alkohol ist bei ihm die Ausnahme.

Zusammenfassend kann man sagen, dass Aaron einfach und sparsam lebt, alle überflüssigen Ausgaben vermeidet er. Er arbeitet nicht für Dinge, die er objektiv nicht braucht. Vor al-

lem arbeite er nicht, wie Aaron sagt, für das „Phantom Ich",
wie es sich den Menschen in den heutigen Industrieländern
üblicherweise überdimensional vorstelle, immer gefräßiger werde und niemals satt zu kriegen sei. Nein, sagt Aaron, er arbeite nicht für Dummheit sondern, um glücklich zu leben.

Jetzt haben wir soviel von Geld gesprochen, dass ich dir dazu
noch mehr verrate. Denn es ist sehr interessant zu wissen, wie
Aaron sein Einkommen verwendet.

Nach einer Steuerlast von 10% verwendet Aaron 30% für seine
persönlichen Ausgaben, 30% zur Absicherung jeder Erwerbslosigkeit (einschließlich Alter) und Krankheit und 30% für
soziale Zwecke.

Also nach Steuern (10%) und Absicherung gegen Erwerbslosigkeit und Krankheit (30%) werden die restlichen 60% gleichmä-
ßig auf persönlichen Konsum (30%) und soziale Zwecke (30%)
aufgeteilt."

„Langsam", sagte Eckhard, „10% für Steuern, das kann ja wohl
nicht wahr sein."

„Ist es aber, nimm es, wie es ist; ich werde später darauf noch
zurückkommen."

„Und 30% für eigene Ausgaben und genauso viel für Soziales,
ist das wirklich wahr?"

Hannes reagierte gereizt, weil Eckhard ernste Zweifel ange-
meldet hatte und sagte:

„Für Menschen der Neuzeit ist es offenbar unvorstellbar, dass ein Mensch so viel für die Mitmenschen tut wie für sich selbst. Es geht den Menschen in der Morgenzeit um die schon erwähnte Balance zwischen dem Nutzen für sich und dem Nutzen für den Nächsten. Aber ich muss dazu noch ergänzen, dass Aaron den Bereich „Soziales" teilweise auffüllt mit ehrenamtlichen Tätigkeiten wie Betreuung für ältere Mitbürger, Krankenpflegedienst etc, diese Tätigkeiten mindern dann seinen finanziellen Aufwand für soziale Zwecke. Die Balance zwischen Eigennutz und Zuwendung an Mitmenschen wird dann teilweise durch „Handanlegen" und teilweise durch finanzielle Leistungen erreicht. Die Menschen achten sehr streng darauf, dass der soziale Anteil den persönlichen Anteil (für eigene Ausgaben) niemals unterschreitet. Nur dann leben sie mit sich in Frieden und mit den Mitmenschen in Einklang. Wenn sich jemand also durch persönliche Tätigkeiten im sozialen Bereich engagiert und sich dadurch sein finanzieller Anteil am „Sozialen" verringert, erhöht sich automatisch der Anteil für den persönlichen Verbrauch. Jeder kann die Balance so erreichen wie er will, durch teilweise oder gänzliche Zahlung oder durch teilweise oder volle ehrenamtliche Arbeit im sozialen Bereich. Damit kann jeder also auch seine Ausgabenmöglichkeiten regulieren. Will er etwa mehr für sich ausgeben, muss er mehr sozialen Dienst leisten. Falls er mehr Freizeit wünscht, muss er seine Zahlungen erhöhen. Stets wird die Balance zwischen Eigennutz und Leistung für die Mitmenschen gewahrt. So funktioniert also das Aaronprinzip. Was sagst du nun?"

„Ich bin mehr als erstaunt. Nur das wollte ich eben auch zum Ausdruck bringen. Die Wahrheit deiner Schilderung ziehe ich nicht im geringsten in Zweifel. Aber verglichen mit der Neuzeit ist es doch wirklich erstaunlich, dass die Menschen der

Morgenzeit nur soviel für sich verbrauchen wie sie für andere Menschen leisten. Das ist mit dem Gebot: „Liebe deinen Nächsten, wie dich selbst" über 2000 Jahre nicht gelungen." „Ja", sagte Hannes, „der Erfolg der Morgenzeit besteht darin, dass in der Morgenzeit die Menschen erkannt haben, wer sie wirklich sind: Ausdruck göttlicher Urkraft und als solche substanzgleich und uneingeschränkt gleichwertig."

„Und warum hat das so lange gedauert, bis die Menschen dahinter gekommen sind?", fragte Eckhard.

„Du hast diese Frage schon einmal gestellt und ich habe, seit ich die zweite Gegenwart bereise, mir diese Frage sehr häufig vorgelegt. Das Einfache ist in sich ununterscheidbar und daher durch Denken nicht sondern nur durch Erfahrung [89] zu erkennen. Und diese Urkraft, diese Leere, die eine Qualität hat, ist in der Einfachheit verborgen. Niemand versteckt sich besser als das Göttliche. „Denn die Götter lieben das Heimliche und scheuen das Offene", heißt es in den Upanishaden."[90]

„Du hast bisher nur über die wirtschaftlichen und finanziellen Aspekte im Leben von Aaron gesprochen. Wie sieht es da im privaten Bereich aus?"

„Aaron bevorzugt wie sehr viele Menschen der Morgenzeit alles, was mit Spiel [91] und Spielen zusammenhängt.

Aaron spielt leidenschaftlich Fußball in einem Amateurverein. Er spielt Violine im Stadtorchester, das einen professionellen Dirigenten und im übrigen nur Amateure hat, die aber fleißig üben und proben müssen, andernfalls sie das sehr angesehene Orchester verlassen müssen; von den Einnahmen werden die

Kosten für den Dirigenten und die Miete für den Konzertsaal sowie Nebenkosten bestritten; der Überschuss wird für die Förderung junger Musiker gespendet. Aaron singt in einem Bachchor. Ja, Bach begleitet die Morgenzeit, kann man sagen; er ist einer der bevorzugten und bekanntesten Komponisten. Einmal in der Woche geht Aaron zum Tanzen; das sind Gemeinschaftstanz, Formationstanz und sakraler Tanz.

Täglich geht Aaron in ein Gebetshaus, ein Haus der Stille, zur Kontemplation. Das Haus ist von jedem Außenlärm geschützt. Dort sind von früh bis spät immer Menschen, die Kontemplation üben; in der Gemeinschaft ist das einfacher als allein. Sie gelangen so zur Stille und zur Leere, die eine Qualität hat. Man übt täglich mindestens eine halbe Stunde, wer Zeit hat, länger. Die hier gemachten Erfahrungen bestimmen letztlich das gesamte private, wirtschaftliche, gesellschaftliche und politische Leben der Morgenzeit."

„Auffällig ist, dass Aarons Hobbys sämtlich gemeinschaftsbezogen sind", bemerkte Eckhard.

„Ja, das stimmt", sagte Hannes. „Auch das ist Folge der Erkenntnis, was die Menschen wirklich sind, in Wahrheit also materielle, energetische und geistige Konkretisierungen eines Urprinzips, dem die Abendländer den Namen Gott gegeben haben und als göttliches Leben in allen Wesen anwesend ist. [92] Auf die Erkenntnis des allen Wesen zugrundeliegenden Urprinzips kommt es an, nicht auf deren Unterscheidungen voneinander. Weißt du, was ich meine?"

Eckhard sagte: „Allerdings. Das trifft mich geradezu ins Mark. Denn mein Traum von den Aborigines steht vor mir auf, wie ich im Barriereriff in gleichmäßigen, wellenförmigen Bewegungen zusammen mit vielen tausend Aborigines, als ob wir ein Fischschwarm wären, geschwommen bin, in gleichmäßigem Rhythmus und vollkommener Harmonie mit allen, die mitschwammen – und niemand war dem anderen fremd, ein Gemeinschaftserlebnis, wie ich es noch niemals zuvor hatte. Mit diesem Traum habe ich wohl diesen Teil unserer späteren Gespräche vorweggenommen."

„Das sieht in der Tat so aus. Den noch im archaisch/magischen Bewusstseinsfeld lebenden Aborigines ist Gemeinschaft alles, und Eigentum, das abgrenzt und unterscheidet, bedeutet ihnen nichts. Die folgende Entwicklung der Menschheitsgeschichte hat in großen Bereichen der Menschheit zur Egozentrierung unter Verdrängung des Gemeinschaftsbewusstseins geführt und erst nach langer, langer Zeit ist dieses Gemeinschaftsbewusstsein in die Morgenzeit zurückgekehrt. Die Qualität des „Ichs" ist erkannt und damit zugleich auf das wahre Maß zurückgeschnitten worden. Dadurch hat das Gemeinschaftsbewusstsein wieder die Oberhand gewonnen.

Aaron betont häufig seine Eigenverantwortlichkeit. Er sichert seinen Arbeitsplatz und die Möglichkeit, ihn wechseln zu können, durch ständige Fortbildungen. Als Ingenieur hat er in seiner Stellung im übrigen häufig mit rechtlichen Problemen zu tun. Aus diesem Grunde absolviert er im Fernkurs ein juristisches Zweitstudium. Eine Zusatzausbildung ist üblich. Menschen, die dann in einen zweiten Beruf wechseln, zögern häufig nicht, eine Ausbildung zu einem Drittberuf zu beginnen. Das erhöht die Sicherheit und Sorglosigkeit, was zu einem glücklichen Leben beiträgt, jedoch nicht ohne Fleiß und Anstrengung ist."

Eckhard sagte: „Als Betriebswirtschaftler bin ich nun gespannt, wie die Wirtschaft funktioniert. Da fehlt mit jede Phantasie."

KAPITEL 10

Die Wirtschaft

„Um es vorweg zu sagen: Es herrscht auf dem ganzen Globus Freie Marktwirtschaft. Handelsbeschränkungen jeder Art sind beseitigt. Selbstverwaltungsgremien der Wirtschaft wachen darüber, dass keinerlei Beschränkungen des Handels eingeführt werden. Zudem kontrollieren staatliche Institutionen, dass es nicht zu Kartellen kommt, die ihrerseits zum Ausschluss oder zur Verminderung des Wettbewerbs führen.

Die Freie Marktwirtschaft ist den Menschen der Morgenzeit geradezu „heilig". Die Geschichte hatte gezeigt, dass die Freie Marktwirtschaft zu einem breiten Wohlstand der Bevölkerung führt und jede Einschränkung der Freien Marktwirtschaft den Wohlstand auf breiter Ebene vermindert."

Eckhard wandte ein: „Ist das nicht der Kapitalismus in Reinkultur? Führt nicht die Freie Marktwirtschaft zu sehr unterschiedlichen Vermögensverhältnissen, zu großem Reichtum Weniger und entsprechender Armut der breiten Massen?"

„Da muss man wieder einen Spaten tiefer graben", sagte Hannes:

Zunächst einmal war die Freie Marktwirtschaft auch ein wesentliches Element des Kapitalismus. Nur in der Freien Marktwirtschaft konnten sich die Kräfte entfalten, die zum Wohlstand führten. Jeder Zwang dagegen verminderte die freie Entfaltung der Kräfte des Marktes und damit den Wohlstand.

Dem Kapitalismus war aber nicht nur die Freie Marktwirtschaft eigen sondern auch der Egoismus als die wesentliche Antriebskraft zur Mehrung des eigenen Vermögens. Aber dieser Egoismus ist in der Morgenzeit entfallen. Die Menschen wissen, wer sie sind und identifizieren sich nicht mit ihrem Ego, d. h.: Ihnen ist ihre eigentliche Substanz als Ausdruck göttlicher Urkraft bewusst und die Tatsache, dass sie das ihnen geschenkte Leben in freier Entscheidung ihrer Persönlichkeit verwalten, und dass ihr Ego lediglich das Funktions- und Organisationszentrum ist, von wo aus die Verwaltung ihres Lebens stattfindet. Niemand denkt mehr daran, das eigene Gewinnstreben zum beherrschenden Motiv des Handelns zu machen."

„Und gleichwohl funktioniert die Freie Marktwirtschaft?", fragte Eckhard.

„Ja. Und das deswegen, weil auf der einen Seite das Ego ja nicht völlig ausgeschaltet ist. Es wird Handel u. a. auch deswegen betrieben, weil es dem Ego nutzt. Aber keineswegs deswegen allein. Die Unbedingtheit des Egoismus ist entfallen und damit auch die Rigorosität und Brutalität, mit denen der freie Markt missbraucht wird, um Geschäfte zu machen und Wettbewerber auszuschalten.

An die Stelle des einseitigen Egoismus ist im übrigen die Freude am Spiel getreten. Handeln macht Spaß. Geh nach Marokko oder nur nach Italien und versuch, bei dem Kauf einer Antiquität zu handeln. Dann kommt sofort der Spieltrieb ans Licht, die Freude am Spiel ist dann unübersehbar. Wehe aber, du spielst nicht mit und machst Ernst, das verzeiht dir der andere Mitspieler nicht. Spielst du mit, hast du bei Einhaltung der Spielregeln und einer großen Portion Geduld durchaus die Chance, zu gewinnen.

Man kann sagen, dass in der Morgenzeit der „Ismus" des Egoismus durch das Spiel [93] ersetzt worden, das Ego aber geblieben ist.

Wenn man erkannt hat, dass der Geschäftspartner mit dir substanzgleich ist und die gleiche göttliche Würde hat wie du, kannst du ihn nicht gnadenlos übervorteilen. Das schließt nicht aus, dass jeder das Spiel gewinnen will. Aber es bleibt ein Spiel."

„Auch wenn die Freie Marktwirtschaft nicht mehr durch Egoismus sondern wesentlich durch das Ego und das Spiel beeinflusst ist, führt das doch wieder zu ungleichen Vermögensanhäufungen in der Bevölkerung", sagte Eckhard.

„Das ist richtig und völlig unschädlich. Freiheit und Gleichheit schließen sich aus. Das hat schon Goethe gesagt. Das gilt jedenfalls für die wirtschaftliche und finanzielle Ebene. Aber warum soll der eine nicht mehr haben als der andere? Die Forderung nach einer gleichmachenden Gerechtigkeit hat sich als folgenschwerer Irrtum erwiesen: Es hat sich herausgestellt, dass eine solche Gleichheit nicht freiwillig erreicht werden kann, aber ebenso wenig durch Zwang: Solange der Egoismus des Kapitalismus herrschte, war die Gleichheit systemwidrig. Mit sozialistischem Zwang war nur eine Gleichheit in Armut zu erreichen (mit Ausnahme der in Saus und Braus lebenden Funktionäre). Warum soll eine Gleichheit auch erstrebenswert sein, solange ein breiter Wohlstand besteht? Es war ein fataler Fehler der Vergangenheit anzunehmen, dass sich alles nur um das Geld dreht. Wichtig ist nur ein gesunder Wohlstand für alle, dann sind Unterschiede nach oben ohne jedes Interesse."

„Und kannst du mir sagen, wie denn das von dir so genannte Aaronprinzip auf der Ebene der Wirtschaft funktioniert?", fragte Eckhard.

„Ich habe schon erläutert, dass vom Egoismus nur das zurechtgestutzte Ego übrig geblieben und der „Ismus" untergegangen ist. Die Freie Marktwirtschaft wird von diesem Ego weiter angetrieben, ebenso durch die Bereitschaft, diejenigen Gewinne, die nicht investiert werden, Stiftungen und gemeinnützigen Institutionen zuzuführen und nicht zuletzt vom Reiz des Spiels. Dieser Reiz beschränkt sich nicht allein auf „südeuropäisches Handeln" sondern auf alle Bereiche, namentlich auf die Firmen- und Marktstrategie, wo es auch ums Gewinnen und Verspielen geht. Hier sind wesentliche Elemente des Aaronprinzips wirksam mit der Tendenz zum Gleichgewicht zwischen dem eigenen Nutzen und dem Nutzen der Gemeinschaft. Hier wird auch klar, dass „der Staat" wesentlich durch private Institutionen ersetzt worden ist, weil eben die freiwillige Zuneigung zum Nächsten und zur Gemeinschaft funktioniert und nicht durch Zwang zu erreichen versucht wird, was nur die Grundstruktur und den Wohlstand insgesamt zerstört. Soweit das Aaronprinzip auf der Ebene der Freien Marktwirtschaft Lücken hat, werden diese auf der privaten Ebene geschlossen, wie ich dir vorher erzählt habe: Spätestens auf der privaten Ebene findet der Ausgleich zwischen eigenem und fremdem Nutzen statt. Beide Ebenen ergänzen sich und führen letztlich dazu, dass der Staat nicht – erfolglos – versucht, den Ausgleich zu erzwingen. Viele Unternehmen führen ihre Gewinne, soweit sie nicht zu Investitionen erforderlich sind, eigenen oder fremden Stiftungen oder wohltätigen Verbänden zu, die die Gelder für gemeinnützige Zwecke verwenden. Hier kommen Milliarden zusammen, die dem Gemeinwohl auf breiter Ebene zugeführt werden. Diese Handhabung motiviert die Eigner ebenso wie die Mitarbeiter."

„Ich sehe, wie die Wirtschaft und das private Leben in der Morgenzeit funktionieren unter Eliminierung des Egoismus und des Zwanges durch Erfahrung der Einheit und Erkenntnis der Gleichheit der Menschen in der Substanz. Aber eins macht mich noch neugierig: Du hast erzählt, wie einfach sich Aaron kleidet und ernährt und wie wenig er also konsumiert. Wie kann bei einem solchen Konsumverhalten die Wirtschaft gedeihen und gar wachsen?"

„Da sprichst du einen wesentlichen Punkt an. Die Wirtschaft läuft insgesamt deutlich langsamer als in den heutigen Industriestaaten und den aufstehenden sogenannten Entwicklungsländern. Das ist eine Folge des auf das äußerste eingeschränkten Konsums. Die Menschen kaufen an Kleidung, was sie wirklich benötigen. Sie fahren ihre Fortbewegungsmittel ca. 20 Jahre. Sie behalten ihre Einrichtungen ebenso lange und darüber hinaus. Das auf das richtige Maß zurechtgestutzte Ego verbraucht nur soviel, wie es wirklich nötig hat. Jedenfalls beim männlichen Geschlecht wird Kleidung nicht „konsumiert" sondern getragen und aufgetragen. Das Ego muss nicht ständig „gefüttert" werden, weil es sich als überdimensional im Bewusstsein vorstellt. Es ist so groß oder so klein wie es ist – und ist daher mit dem Notwendigen zufrieden, und das ist herzlich wenig.

Das hat auf die Wirtschaft ganz erheblichen Einfluss. Die Pro-Kopf-Produktion ist in allen denkbaren Bereichen erheblich geringer als in der jetzigen Neuzeit. Der Verbrauch ist auf einen geringen Bruchteil geschrumpft. In der Neuzeit ist der Konsum wesentlich von der funktionierenden Werbung abhängig: Ziel ist, dass der Verbraucher dazu bestimmt wird, mehr zu kaufen als er benötigt. Werbung in dieser Form ist in der Morgenzeit unerwünscht, die Menschen würden sie als peinlich empfinden. In der Morgenzeit ist Werbung nur noch Information, auch wenn sie in unterhaltsamer Form dargeboten wird.

Im Ergebnis ist dabei eine Wirtschaft herausgekommen, die auf einem gegenüber der Neuzeit auf ein Bruchteil reduzierten Niveau ausgezeichnet funktioniert und nicht das Wachstum auf ihre Banner geschrieben hat, was in der Neuzeit als Zauberwort gilt, als unverzichtbar hingestellt wird und den überflüssigen Konsum ständig weiter beflügelt."

„Wie funktioniert der Arbeitsmarkt in der Morgenzeit?", fragte Eckhard.

„Ja, es gibt einen Arbeitsmarkt, auch mit kollektiven Vertragspartnern. Der Arbeitnehmer nimmt bekanntlich am freien Handel und somit an der Freien Marktwirtschaft nicht unmittelbar teil, sondern nur über den Arbeitsmarkt als Sekundärmarkt. Wie dem Kapitalismus in der Morgenzeit die durch Egoismus gesteuerte Rigorosität entzogen worden ist, ist auch Tarifkonflikten die Brutalität und Gnadenlosigkeit genommen einschließlich des den Arbeitnehmern sehr schädlichen Egoismus der Gewerkschaften. Streiks, die zu Lasten Dritter gehen, wie etwa im öffentlichen Nahverkehr, sind gesetzlich ebenso verboten wie in der Neuzeit Streiks von Beamten. Zunehmend werden Betriebsvereinbarungen geschlossen, die den Arbeitnehmern nutzen und nicht dem Nutzen von Gewerkschaftsfunktionären dienen. Das gesunde Unernehmen steht im Mittelpunkt, von dem alle Beteiligten leben. Die destrukturierende Parole, dass die Unternehmer und Unternehmen zu „bekämpfen" seien, gehört der Vergangenheit an. Beteiligungskonzepte vielfältiger Art stehen im Mittelpunkt. So gibt es Gewinnebenso wie Substanzbeteiligungen durch Aktien. Es gibt Gesellschaften, deren Mitarbeiter nur aus Gesellschaftern bestehen u.s.f. – und alle Mischformen.

Da alle Mitmenschen in ihrer Substanz gleich und gleichwertig sind, besteht ein hohes Verantwortungsbewusstsein der Unternehmer und Manager für die Sicherheit und den Erhalt der Arbeitsplätze. Dem entspricht in gleicher Weise der uneingeschränkte Einsatz der Gewerkschaften für ihre Mitglieder – statt der Verfolgung eigener Interessen unter Verletzung der Arbeitnehmerbelange."

„Dass der Staat bei der Verwirklichung des Aaronprinzips eine wichtige Rolle spielt, geht andeutungsweise schon aus dem hervor, wie Aaron lebt und wie die freie Wirtschaft funktioniert. Du hast die steuerliche Seite angesprochen, was mich stutzig gemacht hat, und das soziale Verhalten des Einzelnen und der Wirtschaft. Dass das enorme Auswirkungen auf den Staat hat, ist klar. Aber wie im einzelnen funktioniert noch der Staat?"

KAPITEL 11

Staat und Steuern

„Das Handeln des Staates ist wesentlich von den Steuerein-
künften abhängig. Je mehr Geld zur Verfügung steht, um so
mehr Handlungsfreiheit. Das hat vor allem in der Neuzeit dazu geführt, dass der Staat immer mehr Aufgaben an sich gezogen hatte und immer mehr das private und öffentliche Leben
bestimmte. Die Folge davon war stets: Noch mehr Staat und
daher noch mehr Steuern bis zu dem Punkt, dass sich die Bürger als Steuersklaven des Staates fühlten. Eine solche Überdi-
mensionalität des Staates erzeugt automatisch einen Staatsapparat, der einen sehr großen Teil des Steueraufkommens selbst
aufzehrt. Geld ist nun einmal „klebrig" und erreicht sein Ziel
häufig nicht oder nur teilweise: Es bleibt irgendwo kleben, wo
es nicht hingehört. Die Verschwendung bei der Verteilung
kommt hinzu.

Außerdem arbeiten staatliche Verwaltungen nicht betriebs-
wirtschaftlich. Das Kosten-Nutzen-Verhältnis wird häufig
nicht beachtet.

Schließlich hatte sich der Staat Aufgaben zugeeignet, mit denen er nicht mehr fertig wurde. Das gilt für die sogenannten
sozialen Sicherungssysteme. Verschwendungen von Milliarden
waren die Folge. Diese Systeme liefen dem Staat förmlich aus
dem Ruder.

Der Staat reagierte ganz einfach mit weiteren Steuererhöhungen. Diese Missstände konnten nur deswegen erfogen, weil es
ausschließlich im Kompetenzbereich des Staates lag, soviel

Steuern zu erheben, wie er glaubte zu benötigen. Und er glaubte an immer mehr Steuern. Die Folge war fatal. Die freie Wirtschaft verlor immer mehr an Schwung und nahm nachhaltigen Schaden und der Wohlstand der breiten Bevölkerung sank und sank.

Da kam eines Tages ein cleverer Parteigenosse auf die Idee, seine Partei könne doch Wahlen gewinnen, wenn man das Prinzip, dass der Staat die Höhe der Steuerlast der Bürger bestimme, umkehre, dass vielmehr die Bürger bei der Wahl festlegten, wie viel Steuern dem Staat höchstens zur Verfügung gestellt werden. Seine Partei führte also den Wahlkampf mit dem Versprechen, dass seine Partei im Falle ihrer Mehrheit eine Höchstgesamtbesteuerung von 40% einführe.

Diese Partei bekam die absolute Mehrheit.

Sie brach ihr Versprechen und übte sich weiter in Steuererhöhungen.

Die Empörung gegenüber einem solch leicht wahrnehmbaren und daher im Gedächtnis haftenden und eklatanten Bruch des Wahlversprechens war so groß, dass in der Folge die Menschen nicht mehr zur Wahl gingen. Sie forderten, dass Wahlversprechen einklagbar und damit durchsetzbar waren. Erst dann waren sie wieder bereit, zur Wahl zu gehen.

Der Staat reagierte nicht.

Da die Mindestbeteiligung der Bürger an den Wahlen fehlte, kam keine gültige Wahl mehr zustande, die Demokratie drohte handlungsunfähig zu werden.

Es wurde daher ein Gesetz erlassen, dass Wahlversprechen gerichtlich durchsetzbar wurden.

Die Folge war, dass die nächste Partei das Wahlversprechen machte, dass die Gesamtsteuerbelastung des Einzelnen 35% nicht übersteigen werde, woran sich, wie man schon ahnen kann, nach ihrem überwältigenden Wahlsieg auch diese Partei nicht hielt mit der Folge eines gerichtlichen Verfahrens, mit dem diese Partei gezwungen wurde, das Versprechen umzusetzen. Die Folgen dieser Gerichtsentscheidung waren verheerend, weil das Ruder von Ausgaben auf Sparen herumgeworfen werden musste und die traditionellen Ausgabenorgien beendet werden mussten.

Erst danach kam es unter den Parteien zu einem „Steuerwettbewerb" besonderer Art. Die Parteien gingen dazu über, genau zu definieren, mit welchen Maßnahmen welche Ausgaben in welcher Höhe konkret vermieden werden sollten. Sie waren dabei sehr vorsichtig, weil sie wussten, dass die Bürger das Wahlversprechen im Falle der Verletzung sofort einklagen würden und diese Partei auch nicht mehr gewählt würde. Bei jeder Wahl unterboten sich die Parteien mit den Steuersätzen gegenseitig. Die letzte Wahl in der Morgenzeit hat in dem Staat, in dem Aaron lebt, zu einem Höchststeuersatz von 10% geführt. Dazu ist zu ergänzen, dass es weltweit Verwaltungsbezirke gibt, die teilweise historischen Grenzen früherer Staaten oder Staatenverbünden entsprechen und dass die Steuerpolitik und die Parteienlandschaft in diesen Verwaltungseinheiten durchaus unterschiedlich, also nicht „harmonisiert" sind, mit anderen Worten nicht kartellartig verschränkt sind. Es besteht Steuerwettbewerb zwischen den Verwaltungsbezirken, die nach dem jetzigen Verständnis als Staaten bezeichnet werden."

„Jetzt muss du mir aber erklären, wie – ich sage einfach weiter – „der Staat" mit nur 10% Steuern handlungsfähig ist. Ist das nicht ein Unding?"

Hannes bemerkte, das sei nur für einen Menschen der Neuzeit so unverständlich.

„In der Morgenzeit sind die Dinge vom Kopf wieder auf die Füße gestellt worden. Der Staat hatte sich in der Neuzeit herausgenommen, die Bürger immer mehr zu bevormunden. Diesen Ausdruck bitte ich wörtlich zu nehmen. Das lehnen die Menschen in der Morgenzeit ab. Sie fühlen sich für sich selbst verantwortlich. Sie sind mündig. Sie wissen, dass sie mit ihrer freien Persönlichkeit einen Teil der göttlichen Urkraft selbst verwalten und verantworten und wollen nicht wie im Zoo gefüttert werden. Sie wissen, dass alles, was unter betriebswirtschaftlichen Gesetzen verwaltet wird, eine hohe Effizienz hat und keine unnötigen Kosten produziert, für die gearbeitet werden müsste.

Vor allem lassen sich die Menschen der Morgenzeit ihre unmittelbare Verantwortung für den Nächsten und die Gemeinschaft nicht nehmen. Aus der Erkenntnis der Substanzgleichheit aller Menschen folgt automatisch das, was in dem Gebot steht: „Du sollst Deinen Nächsten lieben, wie dich selbst", was als Gebot leider nicht funktioniert hat, was aber als notwendige Konsequenz aus der Einheitserkenntnis folgt.[94] Niemand in der Morgenzeit glaubt nach den Erfahrungen der vorangegangenen ungezählten Generationen, dass man etwa über den Staat erreichen könnte, was man selbst unmittelbar unterlässt. Die Menschen der Morgenzeit halten es für ein „Unding", dass der Staat die Bürger derart mit Steuern belastet, dass sie gar nicht mehr in der Lage sind, ihrer Aufgabe gegenüber ihren Mitmenschen als notwendige Folge der Erkenntnis, was die Menschen wirklich sind, nachzukommen. Sie mussten in der Vergangenheit zur Kenntnis nehmen, dass das Prinzip, für den Nächsten so da zu sein, wie für sich selbst, über den Umweg des Staates nicht funktioniert."

„Schön und gut. Aber du hast mir noch nicht die Frage beantwortet, wie der „Staat" mit 10% Steuern auskommt."

„Der in alten Zeiten erhobene „Zehnte" ist in der Tat nicht viel. In der Morgenzeit funktioniert der Staat mit diesen geringen Steuern trotzdem.

Ich hatte schon erwähnt, dass die freie Wirtschaft Milliarden über Milliarden aus ihren nicht in das Unternehmen zu investierenden Gewinnen eigenen oder fremden Stiftungen und wohltätigen Organisationen zur Verfügung stellt. Diese erfüllen mit einem Minimum an Verwaltungskosten einen beträchtlichen Teil der Aufgaben, die der Staat in der Neuzeit an sich gezogen hatte.

Der Staat wendet für soziale Zwecke keine Kosten mehr auf. Das ist der größte Teil der Staatsausgaben. In der Neuzeit hatte dies zu einem Monster geführt, das nicht nur sich selbst füttert sondern die zahlenden Bürger „aufgefressen" hat, nicht zuletzt durch die dadurch bedingte Verschuldung des Staates. In Deutschland hat der Staat im Jahre 2005 exakt 86% des Steueraufkommens für Soziales und Zinsen aufgewandt, aus der Sicht der Morgenzeit ein Treppenwitz der Weltgeschichte! Jeder Mensch der Morgenzeit sorgt für sich selbst und bürdet seine Fürsorge nicht Dritten und dem Staat auf. So zahlt jeder

30% seines Einkommens zur Absicherung gegen Krankheit und Erwerbslosigkeit einschließlich der Erwerbslosigkeit im Alter ein. Das ist ein gewaltiger Teil des Einkommens, wenn man bedenkt, dass jeder auch nur 30% seines Einkommens für seinen eigenen und täglichen Verbrauch einsetzt. Aber der große Vorteil ist, dass jeder nach menschlichem Ermessen gesichert ist. Hinzu kommt, dass jeder selbst bestimmen kann, wie lange er arbeitet: Beginnt er mit der Erwerbstätigkeit bereits mit 18 Jahren und hat er das Glück und die Bereitschaft, immer durchzuarbeiten, erreicht er viel früher die Sicherung gegen (auch altersbedingte) Erwerbslosigkeit als jemand, der aus welchen Gründen auch immer in seinem Leben kürzer gearbeitet hat.

Außerdem kann jeder ab einem bestimmten Alter höhere Beträge, die seine Grundsicherung überschreiten, entnehmen, immer streng vorausgesetzt, dass versicherungstechnisch die Grundsicherung für die Zukunft nicht angegriffen wird."

„30% von 3.000 EURO sind aber nicht das gleiche wie 30% von z.B. 7.000 EURO. Das bedeutet, dass die Absicherung und der Wohlstand auch im Alter unterschiedlich und davon abhängig ist, was bis dahin eingezahlt worden ist."

„Das ist wahr und unschädlich, weil ja die Grundsicherung vorhanden ist."

„Damit entfallen die immensen Beträge, die der Staat – berechtigt und unberechtigt – für soziale Zwecke ausgibt. Bisher staatliche Aufgaben sind von privaten Organisationen übernommen. Aber immer komme ich noch nicht auf nur noch erforderliche 10% Steuern."

„Die Ausgaben für die Rüstung, worauf ich später einmal zurückkommen werde, sind auf eine marginale Größe zurückgegangen. Von dem riesigen Verwaltungsapparat des Staates ist nur ein Rudiment zurückgeblieben. Die Finanzverwaltung, die immer mehr aufgerüstet hatte, um die unübersehbar vielen Steuern ordnungsgemäß einzuziehen, ist bei dem für alle geltenden Steuersatz von 10% auf eine imaginäre Größe geschrumpft. Das gleiche gilt für die Verwaltung und Verteilung der immensen Sozialleistungen: Diese enormen Verwaltungskosten entfallen gänzlich. Der gesamte Staatsapparat ist extrem reduziert. Ganze Verwaltungsebenen sind beim Zusammenwachsen der Staatengemeinschaften völlig abgeschafft worden. Vor jeder Wahl wird diskutiert, welche Kosten für welche Einrichtungen eingespart werden könnten.

Das Reduzierungsprinzip gilt auch für die Damen und Herren Parlamentarier: Unter Wegfall ganzer Verwaltungsebenen sind auch die diesen Verwaltungsebenen entsprechenden Parlamente entfallen. Außerdem ist das Unwesen der übergroßen Anzahl von Parlamentariern auf das Mindestmaß zurückgenommen worden. In dem Maße, in dem die Anzahl der Parlamentarier zurückgenommen worden ist, in dem gleichen Maße sind die Entscheidungen schneller und besser geworden.

Nicht gering zu schätzen sind die Ehrenämter in vielen Positionen: Einige Bürgermeister lassen sich für ein paar Jahre ebenso in ein Ehrenamt wählen wie bestimmte Minister oder der Bundespräsident. Auch ein großer Teil der Abgeordneten übt seine Tätigkeit ehrenamtlich aus. Präsidenten der Wirtschaftsverbände hatten ihre Posten regelmäßig ehrenamtlich wahrgenommen und dienten als Vorbild. Die Leitungen von Kliniken werden oft mit ehrenamtlich tätigen tüchtigen Mitbürgern besetzt. Wir hatten schon darüber gesprochen, dass so mancher seinen Anteil an seiner sozialen Leistung durch ehrenamtliche Tätigkeiten auf allen Ebenen erfüllt. Auch nach Ausscheiden aus dem Berufsleben ist es üblich, sich in solche Ehrenämter wählen zu lassen. Gesamtwirtschaftlich bedeutet das enorme Einsparungen für Gehälter und lebenslange Pensionen. Der Staat „spart" solche Ausgaben.

Schließlich fällt mir noch die Dritte Gewalt, die Rechtsprechung ein:

Im Zivilrecht werden die meisten Rechtsstreitigkeiten durch Schiedsgerichte ersetzt. Dann wird der Staat nicht behelligt und nicht mit Kosten konfrontiert. Soweit die Justiz in Anspruch genommen wird, arbeitet sie durch die Erhebung ausreichender Gebühren kostendeckend. Die übrigen Zweige der Rechtsprechung decken ebenfalls ihre Kosten durch die Gebühren; stark reduzierte Kosten gelten beim Arbeitsgericht, das – in einer Mischkalkulation – von den anderen Gerichtszweigen mitgetragen wird; aber gänzlich kostenlos ist das Arbeitsgerichtsverfahren nicht, um Missbrauch einzudämmen. Im Verhältnis zu den Parteien kann in Einzelfällen auch die obsiegende Partei zu Kosten herangezogen werden; das gilt für alle Gerichtszweige. Außer dem Zivilverfahren, wo die Schiedsgerichte umfassend eingesetzt und akzeptiert sind, werden allen Verfahren (mit Ausnahme der Strafjustiz) Schlichtungsstellen, die oft ehrenamtlich besetzt sind, vorgeschaltet. Auch hier ergeben sich umfangreiche Einsparungen im Verhältnis zur Neuzeit."

KAPITEL 12

Die Gesellschaft

„Wie sieht es in der Gesellschaft der Morgenzeit aus?", fragte Eckhard.

„Bleiben wir bei den Ehrenämtern. Es besteht in der Tat eine große Bereitschaft, ein Ehrenamt zu bekleiden. Das Ansehen eines Menschen wird wesentlich danach beurteilt, wie sehr sich jemand uneigennützig für das Gemeinwohl einsetzt, was ja auf verschiedene Weise erfolgen kann."

„Wenden wir uns jetzt einmal den Armen zu und den geistig oder körperlich so behinderten, dass sie nicht in der Lage sind, zu arbeiten und ihr Brot zu verdienen. Was ist mit ihnen? Sie bekommen vom Staat nichts. Gehen sie betteln?", fragte Eckhard.

„Ich hatte dir schon berichtet, dass das soziale Engagement der freien Wirtschaft und im privaten Bereich sehr groß ist. Es gibt Stiftungen, die sich gerade dieser Not annehmen. Den Rest erbringen die Mitbürger."

„Dann muss aber ein Armer eine Stiftung anschreiben oder seine Mitbürger um Hilfe bitten, also doch eine Art Bettelei."

„Jetzt mal halt. Wenn ein Arbeitsloser heute zum Arbeitsamt geht, um seine Ansprüche einzufordern, ist das sicher nicht weniger beeinträchtigend als wenn jemand einer Stiftung seine Verhältnisse darlegt. Im übrigen funktioniert in der Morgenzeit das gesellschaftliche und soziale Umfeld: In erster Linie ist die Familie gefragt: Jedes Familienmitglied verwendet seinen sozialen Anteil – immerhin 30% seines Einkommens – auf den Hilfsbedürftigen in der Familie, den Bruder, die Schwester, die Eltern oder die Kinder oder ein Mitglied in der weiteren Verwandtschaft. Dann ist der Freundeskreis an der Reihe, dann die Nachbarn und nähere Umgebung. Es gibt kein soziales Loch. Dafür ist der Anteil des Einzelnen an seinen sozialen Leistungen viel zu groß: Man muss einmal bedenken, dass ja jeder Privatmann ebensoviel für Dritte ausgibt wie für sich selbst, d. h., dass schon ein Einzelner, solange er arbeitet, den gesamten Lebensunterhalt eines anderen bestreiten kann. Kümmert sich die ganze Familie um den Hilfsbedürftigen, ist die Last schon angemessen verteilt, wird noch der Freundeskreis und die Nachbarschaft eingeschaltet, kann ein solcher Fall schon nicht mehr als Last empfunden werden, wird es im übrigen auch nicht, weil dieser Arme mit den Hilfespendenden substanzgleich ist und die Hilfe keine Anstrengung darstellt sondern eine schlichte Folge der Erkenntnis, was die Menschen wirklich sind.

Es gibt kein soziales Loch. Es bestehen bekanntlich zahlreiche Fälle, in denen in der Neuzeit Arme und Bedürftige durch das soziale Netz fallen. Der Grund liegt in der Regel darin, dass sich manche Menschen scheuen, zum Sozialamt zu gehen und ihre Ansprüche geltend zu machen. Das gilt für alte Menschen und solche, die einen steilen sozialen Abstieg hinter sich haben und lieber hungern und frieren als sich peinlichen Situationen bei Behörden auszuliefern. Gerade diese Menschen erfasst das geschilderte System in der Morgenzeit, da sich die Menschen mit ihrem Geld nicht abschotten sondern hilfsbedürftige Menschen in der Umgebung suchen und sich ihnen zuwenden. Nimmt man die milliardenschweren Stiftungen und wohltätigen Verbände hinzu, ist die Existenz der Armen und Hilfsbedürftigen in der Morgenzeit mehrfach sicher abgesichert – im Gegensatz zur Neuzeit, die die soziale Absicherung nicht geregelt bekommt: Die Sozialverwaltung verschlingt Summen, mit denen in der Morgenzeit (ohne jeglichen Verwaltungsaufwand) bereits Millionen von Menschen ihre auskömmliche Unterstützung haben. Die Zahl der zu Unrecht Sozialhilfe beziehenden Bürger ist unübersehbar, die wirklich Hilfsbedürftigen erhalten oft kaum das Existenzminimum. In der Morgenzeit ist die Zahl der Menschen, die Hilfe zu Unrecht beziehen, praktisch Null, ihre Anzahl ist zu vernachlässigen und beschränkt sich auf Simulanten, die aber unter ständiger Beobachtung der hilfespendenden Mitmenschen stehen und ihr Spiel nicht auf die Dauer durchhalten."

Eckhard wandte ein, dass bei dieser privaten sozialen Sicherung der Einzelne aber keinen Anspruch habe, den er gegen den Staat oder einen Dritten durchsetzen könne, das sei ein erhebliches Manko.

„Im Gegenteil", sagte Hannes: „Wer weiß, dass er für sich selbst zu sorgen hat, geht der Arbeit nicht aus dem Wege. Es entspricht auch der Menschenwürde, wenn jeder für sich sorgt und dies nicht Dritten überlässt. Darüber hinaus stehen die Hilfeleistungen für den wirklich Hilfsbedürftigen in der Familie, in der Nachbarschaft, im Freundeskreis und in den Wohlfahrtsverbänden und Stiftungen bereit, sie müssen nicht eingefordert werden."

„Wie ist die Gesellschaft in der Morgenzeit im übrigen strukturiert?"

„Es gibt wie jetzt Arbeiter, Angestellte, (wenige) Beamte, Unternehmer, Manager, Wissenschaftler, Freiberufler, Politiker u. s. f.

Alle haben verschiedene Einkommen. Eine Gleichheit wird nicht angestrebt und interessiert nicht. Wer mehr verdient, engagiert sich entsprechend höher. Gibt er, sagen wir, 1.000 EURO für sich aus, wendet er für soziale Zwecke ebenfalls 1.000 EURO auf, gibt er wegen höheren Einkommens 10.000 EURO aus, spendet er die gleiche Summe für soziale Zwecke. Das höhere Einkommen bewirkt das größere soziale Engagement. Das unterliegt der Akzeptanz und dem Konsens der breiten Bevölkerung."

„So also funktioniert das Aaronprinzip auch in der Gesellschaft", bemerkte Eckhard nachdenklich.

„Und wie steht es mit der Umwelt? Wird auch die Umwelt durch das Aaronprinzip berührt?"

KAPITEL 13

Die Umwelt

„Die Umwelt wird durch das neue Bewusstsein wesentlich beeinflusst.

Die Weltbevölkerung in der Morgenzeit beträgt 1,6 Milliarden und hat damit wieder den Stand des Jahres 1900 erreicht, ist also im Verhältnis zu heute um drei viertel gesunken. Aus Ehrfurcht vor dem Leben werden nur Kinder gezeugt, deren Geburt willkommen und deren Ernährung und Ausbildung von den Eltern gewährleistet ist.

Die drastische Reduzierung der Weltbevölkerung verringert die Umweltbelastung radikal, was keiner weiteren Darlegung bedarf.

Aber auch die um dreiviertel reduzierte Menschheit ihrerseits belastet relativ die Mutter Erde nur noch zu einem Bruchteil im Verhältnis der Neuzeit.

Zunächst wirkt sich der deutlich verringerte Konsum der Bevölkerung auf die Umwelt aus:

Rohstoffe werden lediglich noch zu einem geringen Teil benötigt.

Die Gewinnung der Rohstoffe verursacht damit einen entsprechend verminderten Aufwand mit der Folge der Schonung der Umwelt.

Der verringerte Konsum der Menschen führt zur entsprechenden Drosselung der Industrieproduktion. Es fällt weniger Industrieabfall an, die Umwelt wird weniger mit Emissionen von Staub und Lärm belastet.

Nicht zuletzt entfallen durch das neue Konsumverhalten der Haushalte Milliarden Tonnen von Müll, die nicht mehr entsorgt werden müssen.

Die Reduzierung des Pro-Kopf-Konsums ist einerseits auf große Sparsamkeit zurückzuführen, weil die Menschen der Morgenzeit nicht für Dinge arbeiten, die sie nicht benötigen und in der Neuzeit nur auf Grund der Verlockungen der Werbung kaufen sollen, andererseits aber auch darauf, dass die Menschen möglichst langlebige Wirtschaftsgüter erwerben. Das gilt nicht nur für Wohnungseinrichtungen, Autos und

Kleidung. Auch elektronische Geräte werden nicht nur nach der Funktion sondern zugleich nach der Lebensdauer eingekauft, womit ebenfalls Müll vermieden wird. So ist das auf der ganzen Ebene des Konsums.

Also die drastische Reduzierung der Weltbevölkerung und der stark verringerte Pro-Kopf-Verbrauch haben die Beeinträchtigung der Umwelt geradezu dezimiert.

Luft und Wasser sind sauber. Autos fahren mit elektrischem Strom. Die Stromerzeugung erfolgt durch Kernfusion. Energie ist im Überfluss vorhanden.

Das Bewusstsein, dass das ganze Universum, unsere Welt und alle Lebewesen Ausdruck der unendlichen Urkraft sind, hat zu liebevollem und pfleglichem Umgang der Menschen mit der Natur geführt. Der Mensch der Morgenzeit ist sich stets bewusst, das göttliche Urprinzip in allem, was er tut und unterlässt, zu verwirklichen.

In diesem Bewusstsein fällt es den Menschen der Morgenzeit immer schwerer, Tiere zu töten, um sie zu verzehren. Immer mehr Menschen wenden sich der vegetarischen Ernährung zu.

Wir müssen uns erinnern, dass die Indianer und selbst noch unsere Vorfahren sich bei Bäumen, Pflanzen und Tieren entschuldigten, wenn sie ihnen aus Gründen des eigenen Überlebens das Leben nehmen mussten. [95]

In der fiktiven Rede des Häuptlings von Seattle sagt der Häuptling zum Präsidenten der Vereinigten Staaten von Amerika:

„Das Land ist uns heilig. Wir freuen uns an den Wäldern
… Alle Dinge teilen denselben Atem – das Tier, der Baum,
der Mensch …"[96]

Für die Menschen der Morgenzeit ist die Welt ein Gotteshaus,
ihr Gotteshaus. Ihr Leben ist Gottesdienst. Ja, sie empfinden
die Blumen als ein Lächeln dieses göttlichen Urprinzips.

Ein wichtiger Punkt ist ihnen die Vermeidung von Lärm. Die
Stille ist ihnen heilig. Der Städtebau hat sich grundlegend ge-
wandelt: Die Verkehrsebene für motorangetriebene Fahrzeuge
befindet sich grundsätzlich unter den Städten. Dort erfolgt der
Transport von Waren und Menschen, so dass kein Dritter unnö-
tig belästigt wird. Von dort werden auch die Waren über Auf-
züge ins Untergeschoss angeliefert. Die U-Bahnnetze sind gene-
rell bis an den Rand der Vorstädte ausgebaut. Nur Fußgänger
und Fahrradfahrer benutzen die Verkehrswege an der Oberfläche. Auf diese Weise wird nicht nur jede Geruchsbelästigung
sondern auch jeder überflüssige Lärm vermieden. Auch wenn
Fahrzeuge mit Flüstermotoren ausgestattet sind, verursachen
Räder durch Straßenberührung zwingend Geräusche.

Die Menschen der Morgenzeit wissen, dass sie die Urwirk-
lichkeit, oder wie immer man dieses göttliche Urprinzip be-
nennen will, in der Stille finden und in der Stille erfahren. Sie
wollen sich von ihrem Ursprung nicht durch Lärm abhalten lassen. Stille ist ihr zu Hause. Wird die Seele so ruhig wie die
Oberfläche des Meeres, spiegeln sich darin der Himmel und die
Sterne."

Zu Hause

Nach ihrer so intensiven Unterhaltung hatten beide noch ein
paar Stunden geschlafen, bis sich Unruhe in der Kabine bemerkbar machte, das grelle Kabinenlicht eingeschaltet wurde
und die Stewardessen heiße Tücher reichten, damit sich die
Passagiere nach einem solch langen Nachtflug frisch machen
konnten. Das tat gut. Bald folgte das Frühstück und die sehn-
liche Erwartung, dass doch endlich die Landung angesagt
werde.

Von Frankfurt nahmen sie den ICE über die Schnellstrecke
nach Köln und freuten sich, bei der Einfahrt unter blauem
Himmel mit nur kleinen Wölkchen den Dom vor sich aufstei-
gen zu sehen. Am Bahnhof trennten sich ihre Wege, Hannes,
um seine Freundin Rita aufzusuchen, die in strengen Examensvorbereitungen steckte und sich daher außerstande gesehen hatte, die Reise mitzumachen. Eckhard nahm seinen Weg
nach Hause über den Domplatz. Vor dem Hauptportal blieb er
stehen, stellte sein Gepäck hinter und neben sich ab, schaute
entlang den Türmen in den blauen Himmel und breitete un-
willkürlich seine Arme aus, um den Dom zu umfangen, als
von halb rechts vorne drei Kommilitoninnen kamen und eine
von ihnen Eckhard in die Arme laufen wollte, während die
zweite rief: „Der ist schon vergeben!" Alle lachten und freuten
sich über ihr Wiedersehen. „Viele Grüße von Paula, es geht
ihr wieder besser, sie ist für ein paar Tage zu ihren Eltern
gefahren. Sie freut sich, dich wieder zu sehen!" Eckhard fiel
ein Stein vom Herzen, da Paula sich vor einigen Monaten von
Eckhard verabschiedet und um eine Auszeit gebeten hatte,

weil sie möglicherweise glaubte, ihre schwere Depression, von der sie massiv heimgesucht worden war, beruhe auf ihrer Beziehung zu Eckhard. Eckhard hatte keine Ahnung, warum sich der Zustand von Paula so negativ verändert hatte und konnte auch keinen Grund in ihren Beziehungen zueinander finden. Weil er Paula von Grund auf mochte, litt er wie sie, der untersagte Kontakt war für ihn an der Grenze der Unerträglichkeit.

In seinem Zimmer angekommen, fand er die zweite Überraschung, die ihn glücklich machte: ein paar Zeilen von Paula, mit dem abschließenden Satz: „Wann sehen wir uns wieder?". Eckhard nahm den Brief und tanzte in seinem Zimmer und hätte am liebsten nicht mehr aufgehört. Er konnte die Rückkehr von Paula nicht erwarten, musste sich aber noch einige Zeit in Geduld üben, er wusste, dass er Paula nicht drängen durfte.

Nach einer langen Woche, in der sie mehrmals telefoniert hatten, war es so weit. Beide waren überglücklich. Paula sagte, sie sei zu ihren Eltern gefahren, um ihnen zu sagen und zu zeigen, dass es ihr wieder besser gehe und die von den Eltern wiederholt empfohlene Therapie nicht in Anspruch nehmen werde. Und die Eltern hätten gesagt, sie sei – fast – wieder die alte. Eckhard kommentierte: „Stimmt!"

Nun war Eckhard äußerst gespannt zu erfahren, was denn zu dieser massiven Depression von Paula geführt habe, wusste aber, dass er es Paula überlassen müsse, darüber zu reden. Und in der Tat dauerte es Wochen, bis Paula plötzlich fragte: „Willst du eigentlich nicht wissen, was mir gefehlt hat?" Eckhard erwiderte: „Brennend!"

„Du weißt, dass ich streng katholisch aufgewachsen und erzogen bin. Der Glaube war mein Lebensinhalt, der Rest Nebensache. Schon mit 14 Jahren hatte ich Zweifel an vielen sogenannten Glaubenswahrheiten. Ein zentraler Punkt war die Frage, wer oder was ist Gott? Wie kann man sich ihn „vorstellen", wo soll er sein? Diese Frage habe ich immer wieder verdrängt – bis die Antwort ohne die Frage kam: nichts und nirgendwo. Gott ist das Nichts. Ja. Diese Erkenntnis hat psychische Schmerzen verursacht, die ich nicht beschreiben will. Anschließend rutschte ich in eine tiefe Depression. Ich wollte dich nicht belasten und wusste, dass mir niemand helfen konnte außer ich selbst. Die Hilfe besteht im Durchhalten ohne Selbstmitleid. Selbstmitleid ist tödlich. War alles, was ich geglaubt hatte, Illusion? „Durchhalten", sagte mir eine innere Stimme. Das ist leicht gesagt und sehr schwer getan. Aber siehe da: Kurz bevor Hannes und du aus Australien zurückgekehrt seid, wurde mir ganz plötzlich klar: Gott ist zwar das Nichts, aber dieses Nichts wirkt sich im Kosmos und in jedem Lebewesen, in dir und mir, aus. Die Stille, die Leere, das Nichts hat auch eine andere Seite, nämlich das Universum einschließlich unseres kleinen Menschseins, das aber gottesgestaltig ist. Ich habe vor Freude geweint und gesungen. So einfach ist das – und dass es so einfach ist, kann ich immer noch nicht verstehen."

„Es war kurz vor unserem Abflug aus Australien, als Hannes mir ganz umständlich genau das auseinandergesetzt hat, was du erfahren hast. Ich war zu tiefst beeindruckt und wusste: Das ist es."

„Das muss dann zeitgleich mit meiner „Rettung" gewesen sein." Ja, das stimmte. Eckhard war erschüttert, er konnte seine Tränen nur schwer unterdrücken. Hatte Hannes in Abwesenheit zugleich auch zu Paula gesprochen?

„Wenn ich das richtig sehe", sagte Eckhard, „muss die Menschheit genau das durchmachen, was du erlebt hast, du in einigen Monaten – und die Menschheit in vielen Generationen. Dann wird unser Zeitalter durch die Morgenzeit abgelöst."

„Morgenzeit, was ist das?", fragte Paula erstaunt.

Eckhard war erschrocken, dass ihm das Wort „Morgenzeit" herausgerutscht war, sagte dann aber schnell: „Das tut nichts zur Sache. Ich bin heil froh, dass du wieder bist, wie vorher."
„Fast so, wie vorher", sagte Paula, „aber jetzt von Grund auf glücklich. Ich bin zu Hause!"

KAPITEL 15

Leben und Sterben

Eckhard strahlte vor Glück, dass es Paula wieder besser ging und ihre Beziehungen durch ihre parallelen Erfahrungen und ihre offenen Gespräche tiefer und fester geworden waren. Paula war feinsinnig und willensfest. Beide Eigenschaften hatten sich in ihrer Krise bewährt.

Hannes hatte er wochenlang nicht gesehen und nur selten mit ihm telefoniert. Sie verabredeten sich kurzerhand zu einem Treffen in der „Bude" von Eckhard.

„Nächste Woche feiern wir das Examen von Rita, sie liegt mit ihren Zensuren bestens im Rennen", sagte Hannes, „es wird, wie bei Frauen üblich, sicher ein Einser-Examen! Ich freue mich mit dir, dass deine Krise mit Paula beendet ist, es war eine schlimme Zeit für euch beide." Eckhard nickte.

Sie hatten sich ein „Kölsch" eingeschenkt und freuten sich beide, wieder plaudern zu können.

Beide verspürten, dass sie eine Nachlese ihrer intensiven Gespräche brauchten, wenn auch in dem tiefen Empfinden, dass diese Nachlese niemals mehr aufhören würde. Aber man konnte doch damit beginnen.

Eckhard sagte: „Mich interessiert brennend, wie du die Grundstimmung der Menschen der Morgenzeit, verglichen mit unserer Zeit, beschreiben würdest."

„Das ist recht einfach. Die Menschen sind nicht aggressiv, nicht hektisch, nicht habsüchtig, nicht neidisch, nicht brutal sondern gelassen, bescheiden, heiter, fröhlich, ja und voller Lebensfreude. Denk an „Fantastic!" – an der Rezeption in dem Hotel in Australien. Genau das ist die Grundstimmung der Menschen in der Morgenzeit. Sie feiern das Leben, wenn es bei der Geburt in Erscheinung tritt, zelebrieren es die ganze Lebenszeit hindurch – bis zum Tode, wenn es aus unserem Blickfeld entschwindet. Sie empfinden das ganze Leben als einen Gottesdienst. [97] Sie dienen eben nicht ihrem maßlos aufgeblähtem Ego sondern der in allen Menschen sich vollziehenden göttlichen Substanz. Das macht sie heiter, gelassen und nährt täglich ihre Freude am Leben."

„Glauben die Menschen an ein Fortleben nach dem Tode?"

„Meister Eckehart sagt: „Aufgrund meines Ungeborenseins bin ich ewig gewesen und bin jetzt und werde ewig bleiben. Was ich durch meine Geburt bin, das wird sterben und zunichte werden, denn es ist vergänglich." [98] Eine andere Stelle treibt mir immer die Tränen in die Augen: „Wenn ich in den Grund, in den Boden, in den Strom und in die Quelle der Gottheit komme, so fragt mich niemand, woher ich komme und wo ich gewesen bin. Dort hat mich niemand vermisst ..." [99] Das trifft genau den Kern. Die Menschen der Morgenzeit empfinden zutiefst, dass ihre ungeborene Substanz zeitlosen Bestand hat, sie identifizieren sich nicht mit ihrem Ego sondern mit dem, was vor ihrer Geburt bereits vorhanden war und daher nicht sterben kann." [100] Eckhard erwiderte: „Das sind Fragen, die die Menschen zu allen Zeiten berühren und daher auch uns."

„Willigis Jäger sagt, dass immer nur die menschliche Hülle stirbt und das Leben selbst weitergeht, in welcher Form und Weise, wissen wir nicht [101] und wörtlich:

„Es ist eine Geburt in ein größeres Leben, in eine Fülle, von der wir keine Ahnung haben können, weil unsere Ratio zu eng ist. Nur in dieser Zielvorstellung macht unser Leben Sinn. Eines Tages, wenn wir ein tieferes Verständnis erlangt haben, werden wir unseren Tod feiern, wie wir unsere Geburt feiern." [102]

Und Willigis Jäger berichtet weiter von folgender persönlicher Erfahrung:

„Als es mir persönlich vergönnt war, die Grenzen des Ich zu überschreiten, habe ich erkannt, dass es kein Sterben gibt... Es war kein Zu-Ende-Kommen, es war ein Eingeladen-Werden in eine umfassende, beglückende Wirklichkeit. Eine unglaubliche Stille entstand. Ich könnte auch sagen, eine Leere, aber die Leere hatte eine Qualität ... Und plötzlich gab es auch keine Spaltung, kein Gegenüber mehr, sondern nur Einheit ..."[103]

Was zurückblieb war die Gewissheit, dass ich nicht das bin, was ich gemeint hatte, zu sein, und dass alles aus der Essenz kommt, die wir Leerheit, Gottheit, das Eine nennen. Eine tiefe Ehrfurcht vor allem und eine heilige Ehrfurcht vor mir selber, vor meiner eigenen Würde, ergriff mich. Diese Erkenntnis war gepaart mit einer großen Demut."[104]

Beide schwiegen für eine Zeit.

„Das erschüttert mich", sagte Eckhard, „aber um so verständlicher ist die Lebensfreude der Menschen in der Morgenzeit. Sie haben erkannt, wer sie wirklich sind. Sie fühlen sich eins untereinander und mit dem All, das sie selber sind."

Sie diskutierten noch so lange, bis Eckhard das Bier ausging. Eckard sagte, dass er Hannes noch ein Stück begleiten werde. Auf dem Domplatz verabschiedeten sie sich. Eckhard stellte sich auf seinen Lieblingsplatz vor dem Hauptportal und sah an den gewaltigen Türmen in den nächtlichen Sternenhimmel. Sofort stellte sich bei ihm der Traum von der Zerstörung durch den Feuerball ein, der über Europa gerast war und alles unter ihm in Schutt und Asche gelegt hatte – auch den wundervollen Kölner Dom. Eckhard empfand zutiefst, dass die ungeheuere Zerstörung das göttliche Urprinzip selbst war, das Urprinzip, dessen Ausdruck auch er war. [105] Er wusste, dass das stimmte und versuchte nicht, diese Ungeheuerlichkeit verstandesmäßig zu begreifen. Die erlebte Zerstörung war nur Traum gewesen und er war glücklich, dass es nur ein Traum war und dass der Dom in seiner vollen Wucht und Würde an seinem gewohnten Platz stand.

KAPITEL 16

Die Entwicklung des menschlichen Bewusstseins

Sie hatten das Examen von Rita (mit eins plus bestanden) ausgedehnt gefeiert.

Jetzt stürzten sich Eckhard und Hannes in ihre Examensvorbereitungen, Hannes in Philosophie, Politik und Journalismus und Eckhard in Betriebswirtschaft.

Jedes Mal, wenn Eckhard aus der Konzentration seiner Studien erwachte mit dem Glücksgefühl, intensiv gearbeitet und viel geschafft zu haben, stieg mit gleichbleibender Regelmäßigkeit die „Morgenzeit" vor ihm auf mit allem, was Hannes darüber berichtet und mit quälenden Fragen, die Eckhard noch nicht mit Hannes besprochen hatte. Wie war denn die Morgenzeit entstanden? War die Morgenzeit, von der Hannes so viel berichtet hatte, vom Himmel gefallen? War sie plötzlich entstanden? Oder gab es dahin eine Entwicklung? Wie konnte eine solche Entwicklung ausgesehen haben? Gab es innere oder äußere Impulse, wenn ja, welcher Art? Bevor Eckhard sich daran machte, zu spekulieren und zu raten, war es sicher besser, Hannes darauf anzusprechen. Eckhard rief Hannes kurzerhand an, um vorzufühlen, ob Hannes so tief in der Vorbereitung war, dass Eckhard sich noch weiter gedulden müsse. Aber Hannes kam der Telefonanruf gerade recht, er hatte zuvor eine Woche lang bis tief in die Nächte gearbeitet und war froh, die Stimme von Eckhard zu hören. Eckhard sagte: „Ich muss dich sprechen." Hannes: „Was liegt an, Paula?" „Nein, mit Paula ist alles im Lot, es ist die Morgenzeit." Hannes sagte, dass sie sich dann besser wieder bei ihm treffen sollten, er habe Brot in der Trommel und Käse und Kölsch im Kühlschrank.

Eckhard kam unverblümt zum Thema, worauf Hannes erwiderte:

„Es ist jetzt August, Hochsommer, wir denken noch gar nicht an den Herbst und schon sammeln sich die Schwalben. Mitten im Hochsommer. Auch bei den Wildgänsen spürst du bereits die aufkommende Unruhe vor dem weiten Flug ins unbekannte Land. So empfinde ich unsere Gegenwart im Verhältnis zur Morgenzeit. Wir leben mitten in der Neuzeit. Aber: Es ist Aufbruchzeit. Wir sind dabei, wie aus einer Eierschale aus unserem jetzigen Bewusstsein auszubrechen, um uns in eine neue Bewusstseinsebene zu öffnen. Unsere Ichkonzentration ist dabei, sich selbst zu überwinden, um sich in den transpersonalen Bereich zu entgrenzen. Das ist der direkte Weg in die Morgenzeit!"

Eckhard sagte, dass auch er die Aufbruchzeit empfinde, dass er aber nicht einordnen könne, warum sich ein solcher Aufbruch einstelle.

„Ich habe mich auf Grund meiner Besuche in der Morgenzeit mit diesem Thema beschäftigt und einige Gespräche auch mit Aaron darüber geführt.

Das Menschheitsbewusstsein hat eine lange Entwicklung durchgemacht und wir beobachten gerade jetzt den erneuten Umbruch.

Jean Gebser hat in dreißigjähriger Arbeit diese Entwicklung des menschlichen Bewusstseins seit Beginn der Menschheit bis zur Gegenwart erforscht und in seinem Werk „Ursprung und Gegenwart" niedergelegt:

Demnach hat die Menschheit zunächst im archaischen, dann im magischen, sodann im mythischen und schließlich im mentalen Bewusstsein gelebt; die Menschen der Neuzeit befinden sich also (noch) im Zustand des mentalen Bewusstseins.

Die a r c h a i s c h e [106] Struktur beschreibt die Zeit, in der die Seele noch schläft, die traumlose Zeit, die Zeit der gänzlichen Ununterschiedenheit von Mensch und All und der Gegenüberlosigkeit, der die Identität noch nicht verlustig gegangenen Welt. Sie ist dem paradiesischen Urzustande am nächsten, „wenn nicht dieser selbst." [107]

Der m a g i s c h e [108] Mensch tritt aus der archaischen Struktur der Identität in die eindimensionale Unität hinaus, eine Zentrierung, die (aber erst) später zu seinem Ich führen wird. Charakteristisch für den magischen Menschen sind seine Ichlosigkeit, seine Raum- und Zeitlosigkeit, sein Eingeflochtensein in die Natur und seine magische Macht als Reaktion auf dieses Eingebundensein. Seine verbürgten Fähigkeiten waren u. a. Fernwissen und Telepathie, Fähigkeiten, die noch heute in Form des medialen Menschen weiterleben. Prähistorische Felszeichnungen und solche aus der Jüngeren Steinzeit weisen Bilder von Menschen ohne Mund auf: Die Mundlosigkeit ist typisches

Merkmal des magischen Bewusstseinzustandes, weil „erst dort, wo der Mythos ist, … auch der ihn aussagende Mund" ist. [109]

Die **m y t h i s c h e** [110] Struktur charakterisiert Gebser als ein Heraustreten aus der Naturverflochtenheit und als die Bewusstwerdung der Seele, also der Innenwelt. Aus der naturverwobenen Einheit trat der Mensch in die zweidimensionale Polarität. In den frühen kosmogonischen Bilderberichten hat sich die Seele der Weltwerdung erinnert, in den späteren Mythen erinnert sich die Seele der Geburt der Erde und des Menschen und spiegelt die dunklen und hellen Kräfte in den Göttergestalten. Die Mythologeme nehmen Gestalt an, wenn der Mensch der Seele ansichtig wird; sie sind der Ausdruck einer Bewusstwerdung, die zugleich die Tendenz zur Selbstbehauptung und damit zur Ichwerdung einschließt. Die mythische Struktur wird durch die Imagination (=Bild) charakterisiert. Die magische Mundlosigkeit wurde durch den Mund des Mythischen abgelöst: Etymologisch ist das englische Wort „mouth" mit dem Wort Mythos verwandt, das im Griechischen ursprünglich die Bedeutung „Rede, Wort, Bericht" hatte.

Bei der **m e n t a l e n** [111] Struktur handelt es sich um das „In-Erscheinung-Treten des gerichteten Denkens" [112] War im Mythischen noch eine sich ergänzende Polarität anzutreffen, ist das mentale Bewusstsein objektbezogen und auf Dualität gerichtet. Das ist zugleich der Zeitpunkt der Geburt des Monotheismus, die „Gegengeburt zu dem im Menschen erwachten Ich:" [113] Mensch hier und Gott dort stehen sich dualistisch gegenüber. Der Dualismus trennt auch zwischen der zu messenden materiellen Welt und dem Subjekt, dem Menschen, der ihr gegenübersteht. Das Wesen der mentalen Struktur ist eine Welt des Menschen, er ist das Maß aller Dinge. Der

Dualismus schließt die polare Ergänztheit aus und erzeugt das fremde Gegenüber. Die Dualität ist die „mentale Aufspaltung und Zerreißung der Polarität, aus deren Entsprechungen sie messend die Gegensätze abstrahiert." [114] An die Stelle der mythischen Bilderwelt ist die mentale, gedachte Welt getreten. Descartes formuliert den Dualismus in der Gegensätzlichung von Materie und Geist in seiner radikalsten Art und Weise. Die Erstarkung des Ich in dem kompromisslos fixierten Dualismus führte zur Ego-Hypertrophie des Menschen, das in seinem Sich-selber-wichtig-Nehmen sichtbaren Ausdruck erhält [115] und sich damit isoliert und von seinen Grundbezügen abgeschnitten wird.

„Du könntest Professor werden", kommentierte Eckhard lächelnd. „Es kann in der Tat kein Zweifel daran bestehen, dass die Menschheit in ihrer Bewusstwerdung einen langen Entwicklungsprozess durchgemacht hat. Die von Gebser erforschten und aufgezeigten unterschiedlichen Strukturen sind verständlich. Aber jetzt fehlt doch noch der entscheidende Punkt, den wir zu Beginn angeschnitten hatten: Wo stehen wir heute und wo sind wir morgen?"

Hannes schenkte beiden ein frisches Kölsch ein und sagte: „Jetzt wird es schwieriger, aber vielleicht auch ganz einfach. Ich knüpfe an den Beginn unseres Gesprächs an."

KAPITEL 17

Die Einheit des Geistes

„Wir stehen im Zenit unseres mentalen Bewusstseins. Mitten auf dem Höhepunkt spüren wir das Zerbrechen dieser Struktur. Wir sind im Aufbruch in ein unbekanntes Land.[116] Konturen der neuen Bewusstseinsstruktur deuten sich jedoch schon an.

Wir sprachen schon in Australien darüber, dass unser jetziges Zeitalter wesentlich von der klassischen Physik geprägt worden ist, wonach die Natur durch Messen und Wiegen erforscht werden konnte. Die klassische Physik hat nach wie vor in den von ihr erforschten Bereichen ihre uneingeschränkte Gültigkeit.[117] Gleichwohl hat die von Einstein Anfang des letzten Jahrhunderts entwickelte Relativitätstheorie der Menschheit einen Schock versetzt, weil die bis dahin angenommene strenge Trennung von Raum und Zeit so nicht mehr stimmte: In Bereichen nahe der Lichtgeschwindigkeit wird deutlich, dass Raum und Zeit keine völlig getrennten Größen sind sondern in einem Bezugssystem stehen, so dass man von einer Raum-Zeit spricht. Diese Zusammenführung von Raum und Zeit kann als der erste Schritt zur Überwindung des strengen Dualismus in der Physik angesehen werden.[118]

Mit noch größerer Wucht wurde der Dualismus durch die Quantentheorie in Frage gestellt: Der Zugriff der Forschungsmethode verändert ihren Gegenstand, die Methode kann sich nicht mehr vom Gegenstand distanzieren.[119] Arthur Mach sagte: „Die Welt ist vom beobachtenden Subjekt nicht trennbar und somit nicht objektivierbar."[120]

Mit der Infragestellung des Dualismus wackelt zugleich der Thron des Ichs: Erst das duale Bewusstsein in der mentalen Struktur hatte den Zwiespalt von Subjekt und Objekt, von Geist und Materie, von Ich hier und Gott dort, also den Monotheismus, hervorgebracht. Das im Dualismus lebende Ich fühlt sich durch die Infragestellung eben dieses Dualismus in seiner Existenz bedroht. Das Ich ist zum Götzen der Menschen geworden, weil es sich absolut, also losgelöst fühlt und nicht als ein Phänomen, das in Wahrheit im Ganzen integriert ist.

Gebser, der dem neuen Bewusstsein auf der Spur ist und es als „integrales" Bewusstsein bezeichnet, was sich da andeutet und in die Zukunft führt, [121] versteht unter der Integrierung den „Vollzug einer Gänzlichung", [122] weil „das Ganze ... dem Menschen im Ursprung vorgegeben ist." [123]

Der Absolutheitsanspruch des menschlichen Ich auf der Grundlage des allgemeingültig gehaltenen Dualismus hindert die erforderliche Überwindung des in sich selbst abgekapselten Ich. Es ist sich und der Welt fremd. Es sehnt sich zutiefst „nach Hause."

„Wie sehen das die Menschen der Morgenzeit?", fragte Eckhard.

„Die Menschen der Morgenzeit fühlen sich „zu Hause". Sie haben die Bewusstseinszustände ihrer Vorfahren sehr gründlich erforscht. Archäologie und Geschichtswissenschaft haben die Vergangenheit immer näher an die Gegenwart herangeholt. Sie durchschauen und bejahen die bisherigen Bewusstseinsstrukturen und sind bemüht, diese in ihr Ganzheitsbewusstsein aufzunehmen. Sie fühlen sich der Vergangenheit gegenüber nicht überlegen, sie differenzieren und wissen, was alles aus der Vergangenheit verlorengegangen ist. Sie haben erfahren, dass sie in ihrer Substanz das Wirken des göttlichen Urprinzips selbst sind wie alle anderen Menschen auch und die sie umgebende Welt im Kosmos. Sie verachten auch nicht die vorangegangene mentale Bewusstseinsstruktur, die die Wissenschaften zur Blüte gebracht hat und die Errungenschaften der Technik. Aber mit großer Aufmerksamkeit haben sie zur Kenntnis genommen, dass es eben die infolge des Dualismus und der Erstarkung des Ich hochentwickelten Naturwissenschaften selbst waren, die den Absolutheitsanspruch des Dualismus und des Ichs zum Einsturz gebracht und die Morgenzeit eingeläutet haben."

„Und wo stehen wir heute, in unserer Gegenwart?", fragte Eckhard.

„Wir stehen mitten im Umbruch.

Wir erleben seit den letzten 15 Jahren die Globalisierung, die es ja in bestimmten Bereichen immer schon gegeben hat, denk an das Römische Weltreich oder an die über Ländergrenzen fungierende Hanse: Jedoch hat sich jetzt die Quantität und die Qualität gänzlich geändert. Kein Teil des Globus ist von der Globalisierung mehr ausgeschlossen. Der Warenaustausch hat ein bisher ungeahntes Ausmaß erfahren, fast alles ist fast überall zu haben und du kannst kaum noch etwas aus einem fernen Land mitbringen, was man zu Hause nicht auch kaufen kann. Die Kommunikation hat einen nie gekannten Höhepunkt erreicht. Millionen von Menschen befinden sich auf Reisen rund um den Globus. Das Internet verbindet Milliarden von Menschen bei Tag und Nacht, kollektiv und individuell. Die „babylonische Sprachenverwirrung" der in zweihundert Ländern dieser Erde lebenden 1000 Völker (Ethnien) ist durch die Weltsprache Englisch abgelöst worden. Das Fernsehen zeigt in Wetterkarten und aus Raumfahrzeugen unsere Welt von oben. Ländergrenzen verschwinden. Die Grenzen und Begrenztheiten befinden sich in den Köpfen der Menschen, auch die Begrenzung des Ich mit seinen im Egoismus endenden Folgen. Aber die epochalen äußeren Gegebenheiten werden auch die Köpfe der Menschen verändern."

„Macht dir das Angst?"

„Ja", sagte Hannes, „das macht mir Angst. Denn mit jeder Änderung der Bewusstseinsstruktur sind die Ausmaße der Zerstörungen größer geworden. Einen Vorgeschmack haben wir in den beiden Weltkriegen im letzten Jahrhundert und in den verheerenden Auswirkungen des totalitären Sozialismus und Faschismus erlebt und in den Terroranschlägen jetzt. Ich habe Angst vor der Zerstörung und weiß nicht, was uns noch bevorsteht. Zugleich habe ich aber sehr große Hoffnung, dass wir das ferne Land in nicht zu ferner Zukunft erreichen."

„Und wie?"

„Die aufgezeigten Strukturen sind nie gänzlich geendet. [124] Und für den Beginn der jeweils nachfolgenden Strukturen gibt es auch keinen genau festzulegenden Zeitpunkt. Die neuen Strukturen deuten sich an, Anfänge gehen auch unter, um dann mit größerer Macht wieder aufzukeimen. In der Vergangenheit hat es Gemeinschaften gegeben, die ein Zusammenleben, ähnlich wie es in der Morgenzeit in spezieller Weise Oberhand gewonnen hat, geübt haben. Denk etwa an die christlichen Klöster durch die Jahrhunderte und die Klöster in den anderen Religionen. Sie haben die Morgenzeit unter erschwerten Bedingungen wie etwa Keuschheit und Gehorsam vorgelebt. Und von den ersten Christengemeinden berichtet die Apostelgeschichte: *„Die Menge der Gläubigen war ein Herz und eine Seele. Keiner nannte etwas von seinem Besitztum sein eigen. Alles hatten sie miteinander gemeinsam …"*(Apg 4, 32f) Und an anderer Stelle: *„Die Gläubigen hielten alle zusammen und hatten alles gemeinsam. Sie verkauften ihr Hab und Gut und verteilten den Erlös unter alle, je nachdem einer bedürftig war. Täglich verweilten sie einmütig im Tempel, brachen in den Häusern das Brot und genossen ihre Speisen in Frohsinn und Schlichtheit des Herzens."* (Apg 2, 45f).

„Von einer so weitgehend integrierten Gemeinschaft, wie in den zitierten anfänglichen Christengemeinden, hast du aus der Morgenzeit aber nicht erzählt", wandte Eckhard ein.

„Richtig, die Menschen der Morgenzeit leben wirtschaftlich, sozial und kulturell so zusammen, wie ich es dir berichtet habe. Aber die Menschen der Morgenzeit sind keineswegs der Überzeugung, dass sie auf dem Höhepunkt der Entwicklung stehen würden, der nicht mehr überschritten werden könnte. Ein solcher Hochmut ist ihnen vollkommen fremd. Gerade die zitierte Bibelstelle gibt ihnen zu denken, dass auch die Morgenzeit eine ihr nachfolgende Struktur haben wird. Der Geist weht nicht nur, wo er will sondern auch wie er will. Ich habe den Zustand der frühen Christengemeinden nur deswegen zitiert, weil die Morgenzeit immerhin eine Annäherung an einen solchen Zustand darstellt.

Aber noch einmal ein Blick zurück.

Wir hatten bereits über die „Bewusstseinsinseln" gesprochen. Auch in früheren Zeiten hat es Menschen und Menschengruppen gegeben, die erkannt hatten, wer sie wirklich sind und danach gelebt haben. Und irgendwann konzentrieren sich diese Kräfte und gebären eine neue Bewusstseinstruktur, von der die Menschheit in ihrer überwältigenden Mehrheit erfasst wird. Du und ich gehören diesem „Feld" Menschheit an, das interagiert und das auch wir durch unser Denken, Fühlen, Sagen und Handeln stets beeinflussen. Wir sind in dem Wirken des göttlichen Urprinzips, das wir selbst und alle Menschen in gleicher Weise verkörpern, Mitwirkende und Mitspielende. Wir sind Es selbst. Wenn fremde Menschen leiden, trifft das gleiche Leid auch uns. Bei einer Fernsehsendung über den brasilianischen Fußballspieler Maradonna sagte ein völlig verarmter und verwahrloster ehemaliger Schulkamerad mit fast zahnlosem Mund: „Maradonna ist den Weg des Reichtums gegangen, ich den Weg der Armut. Aber wenn Maradonna leidet, leide auch ich und wenn Maradonna Freude hat, ist das auch meine Freude." Das ist groß. Willigis Jäger schreibt: „Wenn ich erfahre, wer und was ich wirklich bin, erfahre ich Einheit. Mein Verhalten wirkt auf alle. Wir gehören zusammen wie alle Wellen des Ozeans ..."[125] Wir haben die Freiheit, stets in der göttlichen Gegenwart des Geistes der Einheit zu leben, mit allen Mitmenschen und dem gesamten All, des Geistes, der die Liebe selbst ist. Die Liebe durchweht das All, ist das Bauprinzip des Kosmos und will Mensch im Menschen werden.

Meine Furcht vor Zerstörungen endet vor der Gewissheit, dass nur die Form untergehen kann, die Substanz aber zeitlos unberührt bleibt und stets neue Form gebiert. Ich bin daher zuversichtlich und frohen Mutes.

Seit ich die Luft der Morgenzeit in der anderen Gegenwart atmen darf, sage ich uneingeschränkt zum Leben: Ja!"

„Fantastic!" rief Eckhard – mit der besonderen Betonung auf dem zweiten „a".

KAPITEL 18

Die Einheit und die Religionen

Alle vier hatten inzwischen ihre Examina bestanden und sich beworben. Paula und Eckhard hatten jeweils eine Stelle in Brüssel bekommen und Hannes und Rita in Prag. Nun hieß es Abschied feiern, der besonders den beiden unzertrennlichen Freunden Eckhard und Hannes schwer fiel.

Da Eckhard mit Paula in einem ständigen Dialog über die Morgenzeit war und Rita keine Gelegenheit ausließ, Hannes über die Zustände in der Morgenzeit zu befragen, verwunderte es nicht, dass auch bei der Abschiedsfeier das Gespräch nach einer Weile wie von selbst auf die Morgenzeit kam.

„Wie steht es eigentlich mit den Religionen in der Morgenzeit?", fragte Rita, „Sind die Religionen dort inzwischen vereint?"

Hannes antwortete: „Was meinst du, Paula, wie es mit der Vereinigung der Religionen in der Morgenzeit aussieht?"

Paula sagte, dass sie es schon theoretisch für völlig ausgeschlossen halte, dass die Religionen sich vereinigen könnten: „Vergleich doch mal die christliche Theologie mit derjenigen des Islam, dann muss man nicht lange nachdenken, um zu dem Schluss zu kommen, dass eine Vereinigung unmöglich ist."

Eckhard fügte hinzu, dass man soweit gar nicht gehen müsse, schon die Betrachtung der unterschiedlichen Interpretationen des Abendmahls nach protestantischer und katholischer Auffassung – und die daraus gezogenen verheerenden Folgerungen – zeige, dass es da keine Einigung geben könne, von Unterschieden zwischen Christentum als Monotheismus und Buddhismus als nicht theistische Religion ganz zu schweigen. „Sollen etwa Hinduisten an die Heiligen nach katholischer Auffassung glauben oder Christen an die vielen Göttergestalten des Hinduismus?"

Als nach längerer Diskussion Rita, Paula und Eckhard völlig übereinstimmten und nicht den geringsten Zweifel daran übrig ließen, dass eine Vereinigung der Religionen bereits theoretisch ausgeschlossen, eine solche Annahme geradezu absurd sei, sagte Hannes ganz ruhig: „In der Morgenzeit sind die Religionen vereint, aber nicht auf der gerade diskutierten sondern auf einer gänzlich anderen Ebene."

„Das musst du uns aber erklären", sagten alle auf ihre Weise. „Welche Ebene meinst du?"

„Es gibt einen breiten Gedankenstrom, der durch alle Religionen fließt und der alle Religionen verbindet: das ist die Mystik. Die Mystik kann als das „Bewusstsein der Einen Wirklichkeit" definiert werden. [126] In der Mystik offenbart sich die

„Ökumene des Geistes." [127] Den Höhepunkt dieser Einheitserfahrung stellten im Hinduismus bereits die Upanishaden mit ihrer Kernaussage „Tat twam asi", „Du bist es selbst, du bist das All" [128] dar, später von Sankara im Advaita Vedanta als die Lehre von der Nicht-Zweiheit interpretiert [129], gefolgt vom Buddhismus mit der Erfahrung Buddhas, dass alle Wesen von Anfang an die Urnatur haben [130], dem Buddhismus, dessen genialer Gelehrter Nagarjuna eine „beeindruckende Verknüpfung der Schärfe logischen Verstandes mit der Innerlichkeit mystischer Erfahrung" an den Tag legte [131]; besonders im Zen-Buddhismus wurde die Einheitsschau betont, wonach alle Menschen, alle Tiere und das ganze Erdreich an dem göttlichen Sein, an der Buddha Natur teil haben [132]; im Judentum wird der tiefe und breite Strom der Mystik fortgesetzt in der Kabbala und im Chassidismus [133], im Islam in den großartigen Aussagen des Sufismus [134], der als ein unüberwindlicher Damm allen Fehlinterpretationen des Islam massiv entgegensteht und nicht zuletzt in der christlichen Mystik, dessen radikalster Denker der schon oft genannte Meister Eckhart ist [135], dem eine lange Tradition voranging und in den großen Namen wie Böhme, Angelus Silesius, Margarete Porete u. v. a. folgte. Die Übereinstimmungen sind frappierend [136], z. T. wortgleich. Ihnen liegt die Einheitserfahrung zugrunde, die so schwer in Worte zu fassen ist. Dieser Gedankenstrom, der seit seiner Entstehung „unterirdisch" geflossen ist, ist in der Morgenzeit an die Oberfläche getreten. Er tränkt die Menschen der Morgenzeit und erfreut sie mit dem Spiegel seines Lichtes. Also: Die Einheit der Religionen besteht auf der Ebene der Mystik schon seit langer Zeit, auch in der Gegenwart, die Menschen haben diese Ebene bisher nur rudimentär – wie kleine Inseln – in ihr Bewusstsein aufgenommen. Stattdessen haben sich die Menschen, allen voran die theologischen Vertreter der verschiedenen Religionen, an den scharfsinnig herausgestellten Unterschieden der einzelnen Religionsdoktrinen aufgehalten. In der Morgenzeit sind die theologischen Gedankengebäude und die „dogmatischen Hochbunker" – die Bausünden der Vergangenheit – zu Bauruinen verfallen. Sie können die Einheit der Religionen nicht mehr verhindern. Aber: Aus den Trümmern der theologischen Baukonstruktionen ist auch die ursprüngliche und zentrale Kernaussage des Jesus von Nazareth wieder erstanden: das Reich Gottes in der Einheit und Liebe zwischen allen Menschen und Gott."

Dann kam der Abschied. Es gab keine Wahl. Sie waren sehr traurig über die Trennung.

Eckhard sagte: „Seid nicht traurig. Wir trennen uns nicht wirklich. Wir sind immer eins. Lasst uns in die Morgenzeit aufbrechen! Lasst uns in der Liebe und dem Bewusstsein der Einen Wirklichkeit leben!"

1   Aus einem Brief Einsteins vom 21.März 1955 an die Kinder seines verstorbenen Freundes Michele Besso – Besso, den er 1905, am Ende seiner Arbeit über die Relativität, dankbar erwähnt hatte, Hoffmann/Dukas, Einstein, S. 304

2   Karl Marx sagte: „Die Formulierung einer Frage ist ihre Lösung", Marx / Engels Werke, Bd. I, S. 348

3   Wertheimer, Lexikon der heiteren Weisheiten, S. 37

4   „Gesetzgeber oder Revolutionärs, die Gleichsein und Freiheit zugleich versprechen, sind Phantasten oder Charlatans", Goethes Werke, Bd.12, S. 380

5+6   Fischer, Das Genom, S. 95

7   vgl. Meyers Enzyklopädisches Lexikon Bd. 13, S. 422, Stichwort „Kapitalismus"

8   Für den am Primärmarkt nicht teilnehmenden Arbeitnehmer stellt der Arbeitsmarkt einen gewissen, aber keineswegs vollständigen Ausgleich dar.

9   Pross, Helge, „Kapitalismus in der demokratischen Gesellschaft" in Meyers Enzyklopädisches Lexikon, Bd.13, S. 423

10   Rummel, Gemozid, Der befohlene Tod, S. 4;
Courtois, Schwarzbuch des Kommunismus, S. 16

11   Weber, Hermann, „Demokratischer Sozialismus" in Meyers Enzyklopädisches Lexikon Bd. 22, S. 165

12   Friedrich Schiller sagt: „Liebe also, der schönste, edelste Trieb in der menschlichen Seele, die große Kette der empfindenden Natur,

ist nichts anderes als die Verwechselung meiner Selbst mit dem Wesen des Nebenmenschen", vgl. Safranski, Schiller, S. 85

[13]   Heisenberg, Der Teil und das Ganze, S. 101

[14]   Hoffmann/Dukas, Einstein, S. 93

[15]   Heisenberg, Gesammelte Werke Bd.1, S. 120

[16]   Heisenberg, Der Teil und das Ganze, S. 113

[17-20]   Heisenberg, Gesammelte Werke Bd.1, S. 120

[21]   Gebser, Ursprung und Gegenwart, Zweiter Teil, S. 506

[22]   Dürr/Oesterreicher, Wir erleben mehr als wir begreifen, S. 81

[23]   Heisenberg, Schritte über Grenzen, S. 115

[24]   Dürr/Oesterreicher, Wir erleben mehr als wir begreifen, S. 78

[25]   Die Welt ist nicht so wie wir sie begreifen. Und wie sie wirklich ist, können wir uns nicht vorstellen.

[26]   Dürr/Oesterreicher, Wir erleben mehr als wir begreifen, S. 18

[27]   Meister Eckehart, Deutsche Predigten, S. 312

[28+29]   Ceming, Mystik und Ethik, S. 63

[30]   Meister Eckehart, zit. nach Ceming, Mystik und Ethik, S. 63

[31]   Ceming, Einheit im Nichts, S. 300

32   Meister Eckehart, zit. nach Ceming, Einheit im Nichts, S. 147

33   Meister Eckehart, zit. nach Ceming, Einheit im Nichts, S. 148,
     dort in Fn. 41 weiter: „Ununterschiedenheit ist Gott eigentüm-
     lich, Unterschiedenheit aber den Geschöpfen; das wurde schon
     oben berührt … Drittens bemerke, dass Gott allen (Wesen) nahe
     ist, ununterschieden von allen, umgekehrt aber ist das Geschöpf
     unterschieden und fern vom Ununterschiedenen."

34   Meister Eckehart, zit. nach Ceming, Mystik und Ethik, S. 64

35+36   Ceming, Mystik und Ethik, S. 67

37   Meister Eckehart, Deutsche Predigten, S. 353

38   Meister Eckehart, Deutsche Predigten, S. 331

39   Meister Eckehart, Deutsche Predigten, S. 273

40   Meister Eckehart, Deutsche Predigten, S. 176

41   Meister Eckehart, Deutsche Predigten, S. 272

42   Meister Eckehart, Deutsche Predigten, S. 216

43   Meister Eckehart, Deutsche Predigten, S. 158

44   Meister Eckehart, Deutsche Predigten, S. 316

45   Meister Eckehart, Deutsche Predigten, S. 265

46   Meister Eckehart, Deutsche Predigten, S. 355

47   Ceming, Einheit im Nichts, S. 233

[48]   Ceming, Einheit im Nichts, S. 233

[49]   Ceming, Einheit im Nichts, S. 241 mit einem erläuternden
       Gleichnis von Sankara: „Durch einen einzigen Tonklumpen
       wird, indem man ihn im Sinne der höchsten Realität seinem
       Wesen nach als Ton erkennt, alles aus Ton Bestehende, Krüge,
       Becken, Töpfe usw., weil es gleichfalls seinem Wesen nach Ton
       ist, erkannt, indem die Umwandlung an Worte sich klammernd,
       ein bloßer Name ist", d.h. nur auf dem bloßen Worte beruht,
       nur an dieses klammert sich die Umwandlung in Krüge,
       Becken, Töpfe, nicht aber geschieht an der Substanz irgendet-
       was, was Umwandlung heißen könnte; viel mehr ist dieselbe ein
       bloßer Name, eine Unwahrheit,Ton nur ist es in Wahrheit."

[50]   Ceming, Vortrag: „Interreligiöse Aspekte im Werk Meister
       Eckeharts in Bezug auf den Advaita Vedanta, S. 7, Benediktushof,
       01.09.2007

[51]   Meister Eckehart, zit. nach Ceming, Mystik und Ethik, S. 54

[52]   Ceming, Mystik und Ethik, S. 56

[53]   Jäger, Aufbruch in ein neues Land, S. 143

[54]   Aus der Chandogya-Upanishad, Upanishaden, Die Geheimlehre
       der Inder, S. 116

[55]   Aus der Chandogya-Upanishad, Upanishaden, dto., S. 116

[56]   zur herausragenden Bedeutung dieser Identitätsformel:
       vgl. Heiler, Die Religionen der Menschheit, S. 150

[57]   Feuerbaum, Evolution der Religionen, S. 267

58   Upanishaden, Die heiligen Schriften Indiens, S. 153

59   aus der Brahmabindu-Upanishad, Upanishaden, Die Geheimlehre
      der Inder, S. 220

60   aus der Brahmabindu-Upanishad, Upanishaden, dto., S. 220

61   aus der Chandogya-Upanishad, Upanishaden, dto., S. 115

62   Jäger, Wiederkehr der Mystik, S. 153

63   Jäger, Wiederkehr der Mystik, S. 126

64   Meister Eckehart, Deutsche Predigten, S. 184

65   Meister Eckehart, Deutsche Predigten, S. 201

66   Jäger, Wiederkehr der Mystik, S. 114

67   Jäger, Wiederkehr der Mystik, S. 114

68   Jäger, Das Leben endet nie, S. 23

69   Jäger, Die Welle ist das Meer, S. 100

70   Jäger, Wiederkehr der Mystik, S. 120

71   Jäger, Die Welle ist das Meer, S. 33f

72   Jäger, Die Welle ist das Meer, S. 91

73   Ceming, Einheit im Nichts, S. 268

[74] In wohltätigen kirchlichen Organisationen wie etwa der Caritas oder der Diakonie verwirklicht sich der biblische Geist der Nächstenliebe. Im Weltmaßstab reichen diese Inseln der Menschlichkeit aber keineswegs aus.

[75] Ceming, Gewalt und Weltreligionen, S. 44

[76] Konstantin, S. 233

[77] Konstantin, S. 76

[78] Konstantin, S. 234

[79] Konstantin, S. 232

[80] Konstantin, S. 83

[81] Ceming, Gewalt und Weltreligionen, S. 48

[82] Ceming, Gewalt und Weltreligionen, S. 49f

[83] Ceming, Gewalt und Weltreligionen, S. 51

[84] „…infolge der Möglichkeiten, über die der Staat verfügt, um das Verbrechen zu unterdrücken und den Täter unschädlich zu machen, sind heute Fälle, in denen die Todesstrafe absolut notwendig ist, „schon sehr selten oder praktisch überhaupt nicht mehr gegeben."(Enzyklika, Evangelium vitae)…, Katechismus, S. 168

[85] Ceming, Gewalt und Weltreligionen, S. 64f

[86] Das verwundert nicht, da man der Kriegsbegeisterung in Deutschland die theologische Rechtfertigung gegeben hatte, der Kriegsausbruch gelte als Zeichen einer neuen Heilszeit, Deutschland sei mit dem Kriegsausbruch auf dem Wege ins Reich Gottes, vgl. Ceming, Gewalt und Weltreligionen, S. 65

[87] Willigis Jäger, „Liebe – der Urgrund allen Seins", Rundbrief „Unterwegs", Benediktushof Nr. 3/2006

[88] Safranski, Schiller, S. 88

[89] „Alle Erkenntnis beruht ... letzten Endes auf Erfahrung ...", sagt Heisenberg, Gesammelte Werke Bd. 1, S. 306

[90] aus der Brihad-Aranyaka-Upanishad, Upanishaden, Die Geheimlehre der Inder, S. 75

[91] Friedrich Schiller sagt: „ ...der Mensch ist ... nur da ganz Mensch, wo er spielt", Safranski, Schiller, S. 14

[92] Jäger, Wiederkehr der Mystik, S. 126

[93] vgl. Fn. 91

[94] vgl. dazu Jäger, Das Leben endet nie, S. 116

[95+96] Jäger, Das Leben endet nie, S. 108

[97] s. dazu Jäger, Das Leben endet nie, S. 89

[98] vgl. Jäger. Das Leben endet nie, S. 86

[99] Meister Eckehart, Deutsche Predigten, S. 273

100   Spinoza ist ein entschiedener Verfechter der Einheit von Seele und Körper, so dass mit dem Körper auch die Seele untergeht. Aber er sagt: „Nichtsdestoweniger empfinden und erfahren wir, dass wir ewig sind", Spinoza Bd. 1, Ethik, V. Teil, S. 262; Jaspers betont, dass Spinoza „mit gleicher Wucht die Vergänglichkeit des körperlichen Daseins des Geistes und die Ewigkeit seines Wesens" ausgedrückt hat, Jaspers, Die großen Philosophen, Bd. 1, S. 802

101   Jäger, Das Leben endet nie, S. 122

102   Jäger, Das Leben endet nie, S. 123

103   Jäger, Das Leben endet nie, S. 87

104   Jäger, Wiederkehr der Mystik, S. 150ff

105   s. dazu die Gedanken von Willigis Jäger zur Tsunami-Flutkatastrophe in: Das Leben endet nie, S. 119ff

106+107   Gebser, Erster Teil, S. 83ff

108   Gebser, Erster Teil, S. 87ff

109   Gebser, Erster Teil, S. 103

110   Gebser, Erster Teil, S. 106ff

111   Gebser, Erster Teil, S. 125ff

112   Gebser, Erster Teil, S. 128

113   Gebser, Erster Teil, S. 129

114 Gebser, Erster Teil, S. 145f

115 Gebser, Erster Teil, S. 160

116 Graf Dürckheim hat gesagt: „Wir stehen heute an der Schwelle einer neuen Stufe des abendländischen Geistes. Das Licht eines neuen Wirklichkeitsbewusstseins bricht durch die Nebel des alten", zit. nach Wehr, Die deutsche Mystik, S. 7

Ken Wilber, Integrale Spiritualität, S. 9 schreibt: „Ein neuer Tag ist angebrochen, ein Morgen dämmert, ein neuer Mann, eine neue Frau zeigen sich am Horizont …"

117 Heisenberg, Schritte über Grenzen, S. 123f

118 Gebser, Zweiter Teil, S. 505

119 Heisenberg, Gesammelte Werke Bd. 1 S. 418

120 Gebser, Zweiter Teil, S. 506

121 Gebser, Erster Teil., S. 165

Ken Wilber, Integrale Spiritualität, S. 9 sagt: „Der neue Mensch ist integral, und das gilt auch für seine Spiritualität."

122 Gebser, Erster Teil., S. 167

123 Gebser, Zweiter Teil, S. 686

124 Gebser, Erster Teil., S. 162

125 Jäger, Das Leben endet nie, S. 118, Jäger, Westöstliche Weisheit, S. 122: „Es gibt nur ein „Mitsein."

126   Schimmel, Mystische Dimensionen des Islam, S. 16

127   Wehr, Die deutsche Mystik, S. 9

128   Feuerbaum, Evolution der Religionen und Religiosität, S. 87ff u. 267

129   Torwesten, Vedanta, S. 113ff

130   Jäger, Das Leben endet nie, S. 66

131   Ceming, Einheit im Nichts, S. 285

132   Heiler, Die Religionen der Menschheit, S. 217

133   Heiler, Die Religionen der Menschheit, S. 405

134   Schimmel, Mystische Dimensionen des Islam

135   Ceming, Einheit im Nichts, S. 347

136   vgl. dazu die umfassenden Untersuchungen und Ergebnisse bei Feuerbaum, S. 168, 212, 247 und 266ff.

Ceming, Katharina
Einheit im Nichts
Die mystische Theologie des Christentums,
des Hinduismus und Buddhismus im Vergleich
Augsburg 2004

Gewalt und Weltreligionen
Eine interkulturelle Perspektive
Nordhausen 2005

Mystik im interkulturellen Vergleich
Nordhausen 2005

Mystik und Ethik bei Meister
Eckhart und Gottlieb Fichte
Frankfurt am Main 1999

Dürr, Hans-Peter / Oesterreicher, Marianne
Wir erleben mehr als wir begreifen
Quantenphysik und Lebensfragen
4. Auflage, Freiburg im Breisgau 2001

Feuerbaum, Ernst
Evolution der Religionen und der Religiosität
Spiegel der Menschheitsentwicklung
6. Auflage, Norderstedt 2007

Fischer, Ernst Peter
Das Genom
Frankfurt am Mai 2002

Gebser, Jean
Ursprung und Gegenwart
Erster und Zweiter Teil, 3. Auflage,
Schaffhausen 2003

Goethes Werke
Hamburger Ausgabe in 14 Bänden,
herausgegeben von Erich Trunz
9. Auflage, München 1981

Heiler, Friedrich
Die Religionen der Menschheit
5. Auflage 1991

Heisenberg, Werner
Der Teil und das Ganze
Gespräche im Umkreis der Atomphysik
4. Auflage, München 1972

Gesammelte Werke
Bd. I, München 1984

Schritte über Grenzen
3. Auflage, München 1976

Hoffmann, Banesh / Dukas, Helen
Einstein
Schöpfer und Rebell
Die Biographie
Dietikon-Zürich 1976

Jaspers, Karl
Die großen Philosophen
München 1957

Jäger, Willigis
Aufbruch in ein neues Land
Freiburg im Breisgau 2003

Das Leben endet nie
Berlin 2005

Die Welle ist das Meer
5. Auflage, Freiburg im Breisgau 2000

Die Wiederkehr der Mystik
Freiburg im Breisgau 2004

Westöstliche Weisheit
Stuttgart 2007

Katechismus der Katholischen Kirche
München 2005

Konstantin der Große
Ausstellungskatalog
Herausgegeben von Alexander Demand
und Josef Engemann,
Mainz 2007

Meister Eckehart
Deutsche Predigten und Traktate
Herausgegeben und übersetzt von
Josef Quint
München 1963

Meyers Enzyklopädisches Lexikon
9. Auflage
Bd. 13, Mannheim 1975
Bd. 22, Mannheim 1978

Safranski, Rüdiger
Schiller
München Wien 2004

Schimmel, Annemarie
Mystische Dimensionen des Islam
Frankfurt am Main und Leipzig 1995

Upanishaden,
Die Geheimlehre der Inder
Übertragen und eingeleitet von Alfred
Hillebrandt, mit einem Vorwort von
München 1990

Die heiligen Schriften Indiens
Herausgegeben von Bettina Bäumner
München 1997

Helmuth v. Glasenapp
Die fünf Weltreligionen
München 1991

Spinoza, Baruch de
Sämtliche philosophische Werke.
Erster Band, Leipzig 1907

Wehr, Gerhard
Die deutsche Mystik
Bern, München, Wien 1988

Wertheimer, Hans Stefan
Lexikon der heiteren Weisheiten
2. Auflage, Thun 1996

Wilber, Ken
Integrale Spiritualität
Spirituelle Intelligenz rettet die Welt
München 2007

© 2008 Bertold Schlünder
Herstellung und Verlag:
Books on Demand GmbH, Norderstedt

Umschlaggestaltung, Satz und Layout:
Sabine Fink, www.finkdesign.net, München
Coverfoto: © Ashley Whitworth.

ISBN: 978-3-7322-3750-0

Bibliografische Information der Deutschen Nationalbibliothek:
Die Deutsche Nationalbibliothek verzeichnet diese Publikation in
der Deutschen Nationalbibliografie; detaillierte bibliografische Daten
sind im Internet über http://dnb.d-nb.de abrufbar.